あなたの人生が変わる対話術

泉谷閑示

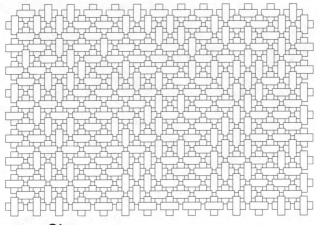

講談社+α《プラスアルファ》文庫

はじめに

私たちはあらゆる場面で、他人とコミュニケーションを取る必要に迫られます。人間が「社会的動物」である以上、これはどうしても避けられないことです。

しかしそれと同時に、人間はコミュニケーションによって喜びを得る存在でもあります。家族、友人、恋人、仕事仲間などとのやり取りで、相手に理解してもらえたり、気持ちが通じ合ったりしたときに、一人では得難い安心感を抱いたり、生きがいや幸福感を得られたりもします。

ここであらためて言うまでもなく、コミュニケーションとは私たち人間が生きていくうえで欠かせない大切なものなのです。

しかし、現代の私たちは、そのコミュニケーションが大きな混乱をきたしている状況の真っただ中にあります。

たとえば年配の人たちは、

――いまの若い者たちは、カタカナ語や略語が多くて、全然話がわからない。

とボヤき、一方の若い世代からは、

――頑固《がんこ》な年寄りは、ちっとも聞く耳を持たないで、自分の言いたいことしか言わないから困る。

といったクレームがでてきます。

このような世代間のディスコミュニケーション（コミュニケーション不全）だけでなく、古いコミュニケーションスタイルと新しいコミュニケーションスタイルが混在している状況も、大きな問題になってきています。

――「阿吽《あうん》の呼吸」が通じなくなった。

――飲み会に誘ってもついてこないから、「飲みニケーション（飲み会でのコミュニケーション）」が取れなくて困る。

――言い方にずいぶん気をつけないと、すぐに「ハラスメント」とか言われてしまうので、コミュニケーションが難しくなってしまった。

といった感じで、旧来のコミュニケーションが成り立ちにくくなったことに困惑する人々もあれば、

――もう「以心伝心」なんて通じない時代だから、きちんと言葉で伝えるべきだと思う。

――「飲みニケーション」なんてまっぴら御免。業務についてのことを、プライベートな時間に持ち込まれることは、納得いかない。

と、古いコミュニケーションスタイルにアレルギー反応を示す人たちもあります。

このように、いずれの側にとっても、古き良き時代の「話せばわかる」という言葉がもはや成り立たず、どうやってコミュニケーションを取ったらよいかわからない状

況になってきてしまっているのです。

このようなディスコミュニケーションが生じた背景には、社会形態として「ムラ的共同体」が破綻《はたん》してきているということが、大きくかかわっていると考えられます。「ムラ的共同体」の中では、人々は基本的に同質であるという前提があるために、コミュニケーションの内容は基本的にモノローグ（独り言）的なもののやり取りが中心で、異質な価値観や感性を持った人間とのやり取りは、想定されていませんでした。

しかし現代は、居住している場所がどこであれ、マスメディアやインターネットを経由してさまざまな情報や価値観にふれる機会が爆発的に増人し、人々が必然的に多様な価値観や感性を持つようになりました。つまり、均質な人間で構成される「ムラ的共同体」は、成立し難いような状況になってきているわけです。

そこで、これからの私たちに必要になるのは、「対話（ダイアローグ）」です。

いまさら「対話」なんてと思われるかもしれませんが、私たちは残念ながら、まだ本当の意味では「対話」を知らないし、「対話」という言葉に値するやり取りを行った経験にも乏しいのです。

そこで本書では、コミュニケーションの神髄《しんずい》である「対話」について、いろいろな角度から、じっくり掘り下げて考えてみたいと思います。「対話」について考えることは、「他者」についてどういう態度を取るかということを考えることでもあります。

そこで、言葉というものをどう扱うべきなのか、日本人が「対話」が苦手なのはなぜなのか、はたして人は「他者」を理解しえるのかといった関連の深いテーマにも話は発展していきます。さらに、「対話」と「考える」ことの関係や、「対話」と「愛」といったテーマについても触れていきます。

そして最終的には、「対話」を行うということが、たんに技術だけではどうにもならない、生き方そのものに深くかかわっているものであることを明らかにしたいと思っています。

私は「対話」による精神療法を日々行っている一精神科医ですが、その経験から考えてきたことが少しでも皆さんの「対話」のヒントになればと思い、この本を書きました。

家族との関係、友人関係、学校や職場での人間関係について、日ごろしっくりこない感じを抱いている方たちや、どうすれば質の良い「対話」ができるのだろうと模索《もさく》されている方たちは、本書で、類書とひと味違った視点やヒントが見つかるのではないかと思います。

また、カウンセリングや心理療法などに専門的にかかわっている方たちにとっても、さまざまな専門的理論や技法の大前提になっているところに目を向け、人が人とかかわるとはどういうことなのかという本質について、考察を深める役に立つのではないかと思っています。

さらに、日本人のコミュニケーションについて問題意識を持っておられる方にとっても、本書の中になんらかの比較文化論的なヒントが見つかるのではないかと思います。

いずれにせよ、読者の皆さんが「対話」という「経験」を実践する存在になり、それを少しでも周囲に広める先駆けになっていただければと、強く願っています。そして、「対話」する生き方を始める人が、一人でも多く誕生することを期待しています。

本文イラスト・渡辺恵美

第1章　対話とは何か

第1講　話し合うだけでは「対話」にはならない

「対話」という言葉は、私たちにすっかりおなじみのものになっています。

――親子の対話を増やしましょう。

――職場内のコミュニケーションを円滑にするために、社員同士の対話を増やしましょう。

――これからも、国民の皆様との対話を重ねてまいります。

などなど、私たちがよく目にするスローガンです。

しかし、こんなところにも表れているように、巷《ちまた》ではどうも「対話」というものが、気軽に増やしたり減らしたりできるもののように捉《とら》えられている節があります。

しかし、ひとたび「対話」とはなんだろうと考え始めてみると、話はそう簡単ではないことがわかってきます。つまり、誰かと話し合ったとしても、それがかならずしも「対話」と呼べるものになっているとはかぎらないのです。

「会話」と「対話」はどう違う?

たとえば、「会話」と「対話」はどう違うのでしょうか?

こう問われてみると、私たちはあまり両者の区別について考えたことがないことに気づかされます。私たちは、この「会話」と「対話」を、なんとなく雰囲気で使い分けてしまっていることが多いのではないでしょうか。

「会話」はconversationの訳語で、「対話」はdialog(ue)の訳語です。言葉が使い分けられているということは、当然、その指し示している内容にも違いがあるということです。しかし、市販されている英和辞書ではこれらの訳語の区別はあいまいで、どちらの英単語にも両方の日本語があてられてしまっていることが多いようです。

conversationは語源的には「共に交わる」という意味で、dialog(ue)はギリシャ語を語源としたもので、「言葉を介して」「言葉を通して」という意味です。

「会話」が広く人と人が言葉で交流することを指しているのに対して、「対話」はギリシャのソクラテスやプラトンなどで知られるような哲学的対話の意味合いを負った

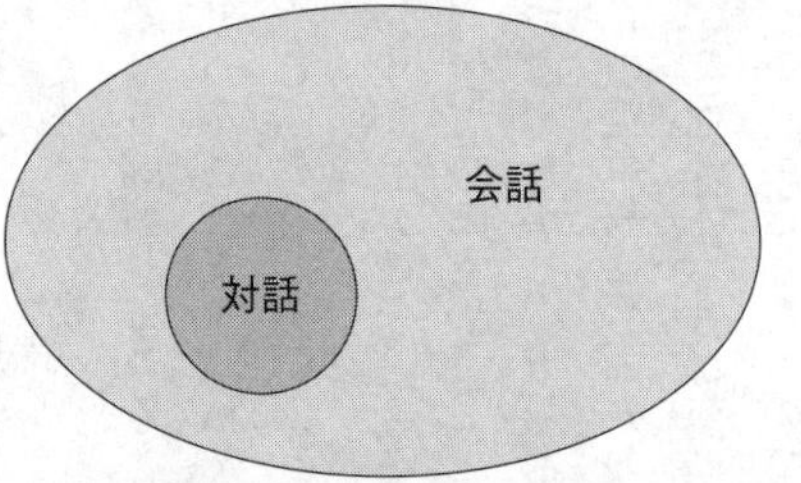

「会話」と「対話」の関係

ような、「それを通じて何かが新たに浮かび上がってくるようなやり取り」を指しています。簡単に言ってしまえば、「会話」と呼ばれるさまざまな言葉でのやり取りがある中に、「対話」というものが含まれている関係だと考えることができるでしょう（図参照）。

さてそれでは、どんな条件を満たしたときに「会話」が「対話」として成立するのでしょうか？

「対話」には、大切な前提がいくつかあります。

前提1　相手を「他者」として見ることから「対話」は始まる

そんなのあたり前のことじゃないか、と思われるかもしれません。

しかし、ここで言っている「他者」というのは、単に

「他人」という意味ではありません。相手のことを、自分とは違った世界や価値観を持っている「よくわからない存在」、つまり「未知なる存在」として捉えること、これが相手を「他者」として見るということなのです。

「他者」に不慣れな日本人

しかし、私たち日本人にとって、ここにつまずきやすい第一のポイントがあります。

日本は、島国という地理的条件もあって、奇跡的に長い間、他国や異民族の侵略や言語的弾圧から免《まぬか》れてきたという特異な歴史があります。それは、平和に暮らしやすかったという点ではとても幸運なことだったわけですが、一方、基本的に同じような考え方や感じ方をする人間たちによって「ムラ的共同体」が形成され、似たような生活をする人間の集団の中で日々を送ることになって、「未知なる存在」と遭遇《そうぐう》する機会に乏《とぼ》しく、そのため、「他者」とどうつき合うかということについては、とても不慣れなままできてしまったのです。

古い封建的社会の中では、「他者とどうつき合うか」が問題になることは、ほとんどありませんでした。つまり、そもそも「他者」はつき合うべき存在ではなかったのです。

人は「家」に属し「ムラ」に属し、「職能別団体」に属し、「社会的階層」に属していることに疑問を持たず、そういうものだと思って一生を送り、その分をわきまえて役割をはたすことが良いことだとされていました。この「タテ社会」の秩序に従ってさえいれば、安全が守られ、居場所も保障されました。そんな社会では、皆と「同じ」であることがとりわけ重要なことであり、皆と「違う」ことは忌《い》み嫌われましたし、排除されるおそれのあることだったのです。

　このような旧来の価値観では、「うち」と「そと」の区別がはっきりとしていて、「うち」にいる人間だけが仲間であり、「そと」の人間は「異人」と見なされました。ですから、「他者」とは「そと」の人間ということになるので、「異人」なのです。つまり、異質なものとして差別や迫害を受けたり、敵として警戒されたり、「うち」の調和を乱す者として排除されたりしたのです。

　今日でも、「KY（空気読めない）」という略語をもって排除される人は、その「ムラ的共同体」から「異人」として扱われたということです。「いじめ」というものは、すべてこの構造になっているものですが、ひるがえって考えれば、「いじめ」が存在する集団はすべて「ムラ的共同体」なのだと言えるでしょう。

　このことからも、いかに私たちの身のまわりに多くの「ムラ的共同体」がいまだ残っているかが、はっきりとわかると思います。

相手を「他者」として見ることとは？

　相手を「他者」として見るということは、相手のことを決して「きっと自分と同じようなことを感じたり、考えたりしている人間に違いない」とは考えない、ということです。

　同じ地域で生まれ育ったからとか、同じ学校だから、同じ会社だから、同じ日本人だからなど「同じ」と考えるときに、私たちはつい、お互いが「他者」であることを忘れてしまいがちです。

　親友や恋人、夫婦など親密な関係の場合には特に、自分は「相手のことをよくわかっている」と錯覚《さっかく》しやすいものです。家族のように血がつながっていたりするとなおのこと、互いに「きっと自分と同じような感覚や考え方を持っているはずだ」と、疑いもなく決め込んでいることも少なくありません。

たとえば、親が自分の子どもに対して「これは絶対この子のためになるはずだ」と、親の価値観にもとづいて選んだものを与えたりしますが、それがその子の感覚や感性に合致《がっち》していないことも案外少なくないのです。もっと成長すればその良さが理解できるものだったとしても、与えるタイミングが早すぎればその子には良さがわからないでしょうし、「押しつけられた」と感じてしまって、かえって嫌なイメージを植えつける結果に終わるかもしれません。さらに言えば、「あなたのためよ」と言って押しつけられたものほど、人を歪《ゆが》めるものはないのです。人は、悪意のこもったものを拒絶することは容易ですが、善意にもとづいて提供されたものが自分に合わないものであった場合、これを断るのはなかなか難しいのです。

たとえば「これ、おいしいから食べてごらんなさい」ではなく、「これ、私はおいしいと思うけど、あなたもいかが？」でなければならないのです。つまり、前者では「おいしい」が絶対的真理のように示されてしまっているので、万が一「おいしくない」と感じた場合、それを表明しにくいわけです。もし「おいしくない」と言ってしまうと、一種の全面対決の様相になってしまいます。

後者の言い方の最大の特徴は、「私は」という主語が述べられているところです。「私は〜と思う」と述べることは、相手にも「私は〜と思わない」と言える自由の余地を与えることになるのです。日本語は、元来、主語を持っていないという学説もあるくらい、日本語にとって人称の主語を立てることは歴史も浅く、不自然な印象もあることでしょう（くわしく知りたい方は、拙著『「私」を生きるための言葉』〔研究社〕をご参照ください）。しかし、「ムラ的共同体」の価値観の均質性がほころび始めた今日において、自分の主観的判断をあたかも絶対的真理のように「主語なし」で述べることは、相手を束縛《そくばく》するおそれもあるということを、私たちは知っておく必要があるでしょう（くわしくは第24講で取り上げます）。

相手を「他者」として見ることは、相手を尊重すること

しかし、相手のことを「よくわからない未知の他者」と思うだなんて、何か心が通じ合っていない冷たい見方ではないか、と思われる方もあるかもしれません。

往々《おうおう》にして、私たちは「心が通じ合うこと」イコール「相手と自分が同じであること」と思い込んでいる傾向があります。これも、同質性が前提の「ムラ的共同体」の伝統によって、私たちに知らず知らずのうちにすり込まれた幻想です。

相手を「他者」と思うことは、親しいか親しくないかには、そもそも関係ありませんし、「心が通じ合う」ことに反するものではありません。相手を「他者」と思うということは、相手の独自性や独立性を認めることであって、ほかの誰とも同じではない唯一の存在として、その人の個別性を尊重し、畏敬《いけい》の念（畏《おそ》れ敬う気持ち）を抱くということでもあります。その「他者」が、自分と同じことを感じたり気持ちを理解してくれたりしたときに「心が通じた」のであって、だからと言って、何から何まで「同じ」わけではないのです。

相手と「同じ」であったり一体であったりすることは、ありもしない幻想です。これまでそのような認識があまり持たれなかったのは、皆が「違う」をひた隠しにして、「同じ」だけを表明していたからにすぎません。しかし、曇りのない目で見れば一目瞭然《りょうぜん》、互いが、まぎれもなく「他者」同士なのです。

村上春樹氏の小説『ねじまき鳥クロニクル』にこんな文章があります。

　ひとりの人間が、他のひとりの人間について十全に理解するというのは果して可能なことなのだろうか。
　つまり、誰かのことを知ろうと長い時間をかけて、真剣に努力をかさねて、その結果我々はその相手の本質にどの程度まで近づくことができるのだろうか。我々は我々がよく知っていると思い込んでいる相手について、本当に何か大事なことを知っているのだろうか。

（村上春樹『ねじまき鳥クロニクル　第1部　泥棒かささぎ編』より　新潮社）

　ここに書かれているのは、大げさに言えば、「他者」を理解することへの絶望です。しかし、だからこそ私たちは少しでも理解するために「対話」をする以外にないのです。逆説的に響《ひび》くかもしれませんが、この「他者」を理解できないという絶望に足を置いているからこそ、「対話」というものが行われることになるのです。

第2講 「うち」同士の会話は「同じ」探し

——共通の話題がない相手とは、コミュニケーションが成り立たない。

——結局は、価値観が同じ人としかわかり合えないものだ。


コミュニケーションについて、こういった感想を持っている人も少なくないようですが、はたしてそういうものでしょうか？

もちろん、共通の話題があれば話は盛り上がりやすいのでしょうが、それではあくまで同じような物事に関心を寄せている「ムラ」の中でしかコミュニケーションがとれないということになってしまいます。これは、「未知なる存在」である「他者」との間で「対話」を行おうとする開かれた態度から程遠いものです。

「対話」とは、「他者」とのやり取りで未知なる世界に自分を開き、そこで新たな感性や価値観に触れることで自分が変化するという、貴重な「経験」の場なのです（「経験」については、次講でさらにくわしく取り上げます）。

「同じ」を追い求め「違い」をひた隠す

先ほど述べた、「ムラ的共同体」の中で「うち」の者同士で行われる会話は、もっぱら「互いが仲間であることの確認」が主になります。いかにお互いが同質であるかを確かめ合うために、「同じ」探しが話題の中心になる傾向が強いのです。

「異人」扱いされないために、「同じ」と思われる話題を仕入れることに必死になる大変さは、きっと経験された方も多いのではないかと思います。話題についていくために、本当の自分の興味よりも流行《はや》りのドラマや映画を観《み》たり、ヒットしている音楽を追いかけてみたり、いつも流行を気にかけなければならず、なかなか大変なことです。しかも、そこで話題として取り上げられないようなものについては、うっかり話題にだしてケチでもつけられようものなら大変だというわけで、隠すクセがついていたりします。

さらにこの傾向は、単に話題についてにとどまりません。物事の感じ方、その基盤となる価値観についてまで、その集団や相手に合わせるクセがついてしまいます。

なかでも、その場にいない人をやり玉に挙げた悪口や噂《うわさ》話は、皮肉にももっとも連帯感を強めるので、井戸端会議の主要テーマになっています。いじめを行う側の人間が多数派を形成する基本原理は、ここにあると言えるでしょう。つまり、構成員の一人ひとりはターゲットにされた人に対してさほど反感を持っていなかったとしても、声の大きい首謀者《しゅぼうしゃ》の意見に合わせないと、自分までもが「異人」として血祭りに上げられてしまう危険があるので、あたかも自分も反感を持っているかのように同調してしまうのです。

このように集団に同調していく生き方をしていると、いつの間にか、自分の本当の興味や関心がわからなくなってしまうものです。これはなかなか深刻な問題で、のちのち「自分がわからない」「自分を見失った」といった精神的な行き詰まりを引き起こす原因にもなるのです。実際、最近ではこういった「自分がわからない」という悩みから、不登校や出社不能になってしまう人も少なくありません。

世の中が全体的に「ムラ的共同体」をやっていた時代には、そもそも「自分が何をしたいのか」といった問い自体がタブーのようなものでしたから、悩みとしてこういうテーマが浮上してくることはあまり多くありませんでした。しかし、現代は個人の自由度が高くなり、自分らしい生き方が求められるようになってきたために、このような行き詰まりも起こりやすくなっているのです。

「うち」同士にだけ伝わる言葉

――略語が多過ぎる話には、戸惑ってしまう。

――独《ひと》りよがりなカタカナ語を多用されると、まったく理解できない。

――お気に入りのアニメの話しかしない人がいて、うんざりする。


最近のコミュニケーションについて、こんな感想を抱いている人も少なくないようです。

かつて、忍者が味方同士であることを確認するときに、「山」「川」といった符丁《ふちょう》(合言葉)を用いたようですが、今日でも「うち」の人間同士の会話では、仲間内にしか通じない略語、隠語、業界用語、新作造語などが、仲間であることを確認する符丁としてよく用いられています。

よく業界人が、業界外の人を排除するかのように業界用語を用いる光景を目にしますが、あれは、傍《はた》で見ていて決して気分の良いものではありません。当の本人は、さも得意気だったりしますが、どうにも「業界ムラ」の住人という雰囲気がプンプンして、排他的な狭量《きょうりょう》さがにじみでてしまっています。略語や新作造語も、説明なしに用いられるのを耳にすると、この人は「自他の区別」ができていないのだなと感じさせられます。

つまり、そういう物言いは、その言葉がわからない「他者」がいるということが想像できないことを、露呈《ろてい》しているようなものなのです。

言葉を用いない「うち」の世界

「うち」同士のコミュニケーションは、究極のところ「自他の区別」がないことを理想的な関係であると考えているので、言葉を用いるよりも「察する」「察してもらう」ことの比重が大きければ大きい方が、より親密な関係だということになっています。

そもそも、「うち」同士の人間は同質であることが前提なので、言葉を用いてあえて伝えなければならないことも滅多《めった》にないわけです。そのため、言葉によるコミュニケーションは、その関係が続けば続くほど減っていくことになります。あえて言葉にすることを「無粋《ぶすい》なこと」として捉えるような美学が、そこには存在しているのです。

もし、自分とすっかり「同じ」ような相手がいたとすれば、その相手とはコミュニケーションをする必要自体がないわけで、それはもはや〈「対話」の死〉であると言ってもよいでしょう。つまり、「うち」同士のコミュニケーションが目指しているものは、「対話」からもっとも遠い関係性、すなわち言葉の消滅であり、自他の融合《ゆうごう》なのです。

ですから「うち」においては、人が変化することが本質的に忌み嫌われます。「うち」の人間関係が人を束縛《そくばく》する側面があるのは、このように、生き物として自然な変化を許さない性質に由来しているのです。

しかし、人は日々刻々と変化するものであり、生きていることは絶えず変化することなのです。

今日の私は昨日の私とは違いますし、いまの私は、厳密に言えば、もはや一時間前の私とも違うと言えます。このように絶えず変化し続ける人間同士が、「同じ」であり続けることはどう考えても無理なことですし、まして自他の融合など、ありえない幻想であることは明らかです。

このような「うち」同士のコミュニケーションに囲まれ、そんな中で育ってきた私たちにとって、「対話」を行うということは、そのぬるま湯的関係から離脱することを意味します。つまり、ものの見方や生き方、人間関係に求めるものなど、それらすべてを大きく変えようとする覚悟が、「対話」を始める上ではどうしても必要とされるのです。

第3講　変わりたくない人に「対話」はできない

「他者」が「よくわからない未知の存在」であることを認識することが、「対話」の大前提でした。そこから、相手のことを「知りたい」と思う気持ちが生まれ、それが「対話」を行う動機になるわけです。

しかし、「よくわからないような他者のことなんて、わざわざ知りたいとは思わない」という場合には、当然、「対話」は始まりません。

ところで、私たちはなぜ、「他者」を知りたいと思ったり、思わなかったりするのでしょうか。

前提2　対話は、「他者」を知りたいと思うことから始まる

「他者」を知ろうとすることとは、自分とは異質な感覚や感性に触れ、異なる価値観や考え方を理解しようとすることです。そして、その異質なものとの遭遇によって、自

分が変化することを歓迎することでもあります。私はこの姿勢のことを、「経験に身を開く」ことと名づけておきたいと思います。

「経験に身を開く」人は「対話」を積極的に求めるでしょうし、変化を望まない人、つまり「経験を拒《こば》む」人は、「対話」をも拒むことでしょう。つまり、「経験に身を開く」ことは、人間としての成熟を志向して、慣れ親しんだ居心地のよい価値観の世界から、あえて外に踏みだしていこうとする姿勢のことなのです。

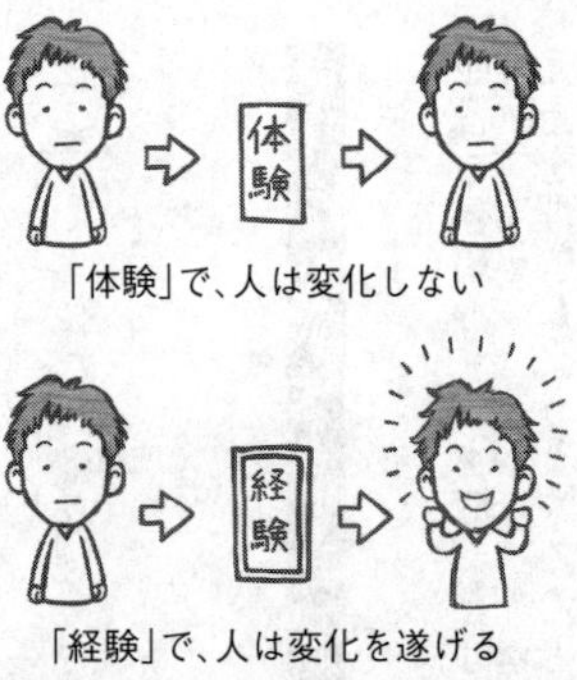

「体験」で、人は変化しない

「経験」で、人は変化を遂げる

「体験」と「経験」の違い

「経験」とは

ここでは「経験」という言葉を、「体験」とは明確に区別して用いたいと思います。「〜したことがある」「〜に行ったことがある」というようなものは、「体験」ではあっても「経験」と呼べるとはかぎらない。それが「経験」と呼べるものかどうかは、それによってその人が内的に変化したかどうかによって決まると考えるのです。変化といっても、「行ったことのないところに行った」「したことのないことをした」といったレベルの変化ではなく、多少なりとも感性や価値観が変わり、その人の在《あ》り方がそれまでとは違ったものになるような変化のことです。

「対話」とは、その「経験」の場を提供してくれる貴重な機会です。「他者」の話を「聴《き》く」ことによって、私たちは知らなかったことを疑似的に「経験」したり、考えも及ばなかったことについて考えさせられたりするようになるのです。

森有正氏の「経験」の思想

フランスに渡り思索を重ねた思想家・森有正《もりありまさ》氏は、この「経験」という手垢《てあか》のついた言葉を「体験」と区別することで洗い直し、「経験」とは何かを問い続けた人です。

森氏はフランスという異文化の中で、日本とは決定的に違う人間の在り方や人間同士の関係性について、それが何であるかを考え続けました。そして、その思索の中で析出《せきしゅつ》してきた概念の一つが「経験」だったのです。

ノートルダム寺院をはじめとする歴史ある建造物、オルガン奏者として取り組んだバッハのフーガやコラール前奏曲、デカルトやパスカル等《ら》の思想、そういったものとの対峙《たいじ》によって森氏が感じ取ったものは、人間の「経験」が生みだしたものの厚みと奥行き、威圧感や厳しさ、そしてその美しさと崇高《すうこう》さでした。

教会建築も、バッハの作品も、哲学思想も、いずれも何らかの厳密な基本原理にもとづいて構成され、それが論理的に発展して全体をなしています。少なくとも、論理的に思考を進めたり構成したりする過程においては、彼らは情緒的なものの混入を許さない。しかしそれでいて、結果的に、人間技とは思えないほどの調和の美を生みだしているということ。そこに森氏は打ちのめされ、震撼《しんかん》したのでした。

また、人々がそれぞれ、一人称的主体として在るということの自由を必死で守り、それによって必然的にともなってくる孤独を引き受けている姿、そしてそのように在る人間同士が結ぶ関係が西欧文明の「経験」を生む母体になっているということを、彼は痛感したのです。

ここで言う一人称的主体とは、周囲がどうあれ「私は〜と思う」と自分が感じ考えることを基盤とするような、個人主義的な主体のことです。これは、「ムラ的共同体」の人間たちが周囲の価値観や感性におもねるのとは大きく違った個人の在り方です。

森氏の言う「経験」は、なんでも「既知のもの」に落としこんで安心したりたかをくくったりする「体験」とは違って、「未知なるもの」に触れて、たとえ不安であろうとも自分が変化することを引き受ける姿勢を指しています。つまり「経験」とは、生き方の基本姿勢にかかわる根源的な問題なのです。

「経験」の怖さと厳しさ

「対話」とは、自分が未知なる「他者」との接触によって、何がしか変化するかもしれないのですから、ある意味でリスクをともなう行為であると言えるでしょう。これは人によっては、かなり怖《こわ》いことに感じられるかもしれません。しかし、これが「経験」の持つ避けがたい怖さであり、厳しさです。

ですから、自分自身がそれなりの咀嚼《そしゃく》力を持っていない場合には、「他者」との「対話」によって混乱することもあるかもしれません。自分の持っている価値観や考え方が、自分の土壌に根差して積み上げられ、吟味《ぎんみ》されてきたオリジナルなものでなく、よそからの借り物の考えや知識を鵜呑《うの》みにし、それらを組み合わせたにすぎないような場合には、深いところで自信が持てていないために、どうしても「他者」に自分を開くことに勇気を必要とするでしょう（第20講参照）。つまり、異質なものと遭遇し、自分がとりあえず信じてきたものが崩壊《ほうかい》してしまう怖さがあるので、「他者」を避けようとしてしまうのです。

しかし、借り物はしょせん借り物ですから、それはいずれ崩れてしまう運命にあります。

借り物の不確かな足場の上に立ち、おびえながらもそれを死守して生きるのではなく、「経験に身を開いて」確かな基礎を築いていくことが、真の自信を得るための唯一の道なのです。

「対話」とは、自分を変えていきたいという動機づけさえあれば、誰でもいつでも始めることができるものです。「他者」と遭遇することによって、人は自分を知り、自分を再検証せざるをえなくなります。それによって、自分の中の借り物の部分は次第に崩れていきますが、しかしそれと同時に、真に自分のものと言えるような「経験」が、着実に育っていきます。

つまり「対話」とは、私たちのもっとも身近にある「経験」の場であり、人間の成熟に不可欠なものなのです。

第4講　「対話」は、「討論」や井戸端会議とは違う

――皆、自分の言いたいことを言っているだけで、ちっとも会話が成立していない。

――自分が言っていることを正しいと思い込んで、相手の話を一切聞こうとしない人が多い。

身のまわりで行われている会話について、こんな感想を抱いている人も少なくないようです。

国会やテレビの討論番組などをはじめとするさまざまな会議の場でも、多くの場合、それぞれが言いたいことをぶつけ合っているだけで、残念ながら、生産的な「対話」と呼べるようなものには滅多にお目にかかれないのが実情です。

「討論」「議論」「討議」はもともと戦闘的

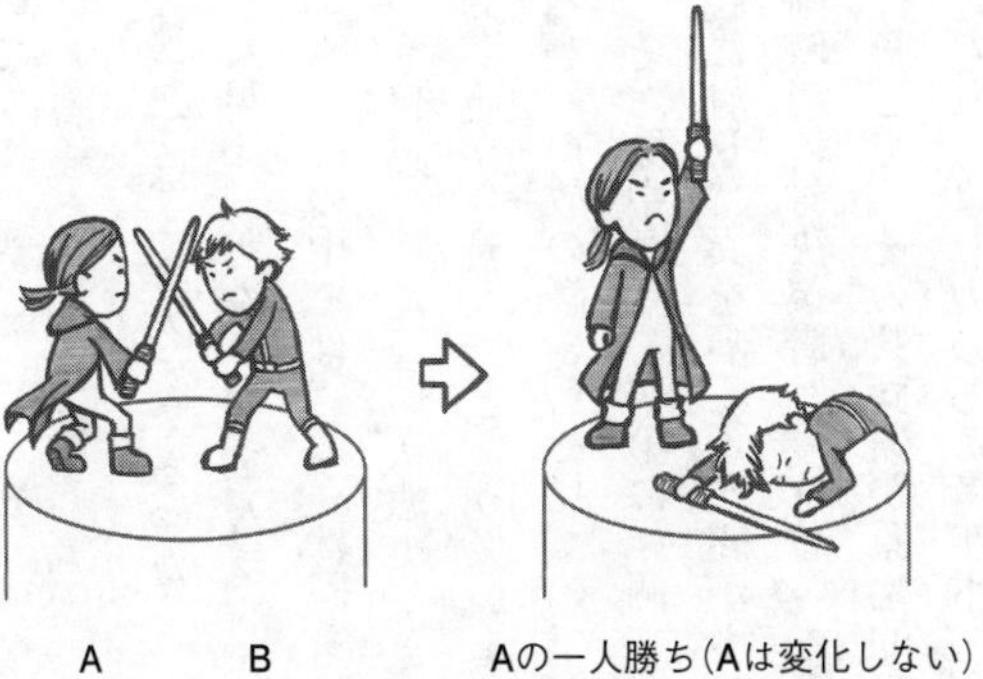

討論(ディベート)の場合

「討論」「議論」「討議」などと呼ばれているものは、そもそも「対話」とはかなり性質の異なるものです。

日本語の「討論」「議論」「討議」という言葉は、そもそも、ディスカッション(discussion)やディベート(debate)の訳語です。ディスカッションの語源は「言葉で打ち砕《くだ》く」といったニュアンスですし、ディベートも「相手を打ち負かす」という起源を持っている言葉です。つまり、いずれの用語も本質的には、どちらの意見が勝つか負けるかを争う戦闘的な性質を持っているのです。

ことにディベートは競技にもなっているくらいで、やり取りによって決して自分の考えや感じ方を変化させてはならないし、変化したら負けになってしまいます。つまり、それはモノローグ(独り言)とモノローグの戦いなのです。

「他者」は「異人」であった

人間は、初めは皆、「ムラ的共同体」に生活していたものだったと考えられます。「ムラ」の中では、人々は同質の価値観や感性を共有し、一定の秩序の下《もと》で「個」という自覚を持たない状態で生きていました。「ムラ」の価値観に異を唱えるものは、文字通り「異人」という扱いを受けることになり、「村八分」として制裁を加えられるか、追放の憂《う》き目を見たのです。

そんな中から、次第に「個」が目覚める動きが始まり、それまで支配的だった価値観に対して異を唱える人間がポツポツと現れ始めます。そして、古い価値観と新しい価値観の対決が避けられないものになっていったのです。

そこで、その共同体が原始的なものであればあるほど、力と力による戦いが繰り広げられ、より力のある者がボスとして君臨し、敗者は追放されました。このような戦いは、時代とともに力によるものから徐々に洗練されていって、言葉による戦いに変わってきたという推移があったと考えられます。

「異人」とは、すなわち「他者」のことです。ですから「他者」と向き合うということは、どうしても敵と対峙《たいじ》するような戦闘的要素をはらんでしまうところがあるのです。そしてこの原始的な傾向が、ディスカッションやディベートという形で今日も残存しているわけです。

いまだに、自分の意見をきちんと持って表明することを、ディベートやディスカッションで勝利することだと取り違えている風潮がありますが、それらはモノローグ同士の戦いにすぎず、決して進歩的なコミュニケーションではないことを、私たちは知っておく必要があるでしょう。

「踏み絵」としての悪口や噂話

――人の悪口や噂話ばかりの会話には、うんざりする。

――飲み会や集まりに参加しないと、みんなに何を言われているか心配になる。

ムラ人の連帯感の確認

このような感想を持っている人も少なくないようですが、「ムラ的共同体」においては、自分たちが仲間であることの確認をするためにもっともうってつけな話題が、誰かをやり玉に挙げた悪口や噂話になっているものです。

これは、悪口や噂話というものが、そもそも「踏み絵」としての機能をはたしやすいためではないかと考えられます。

つまり、キリストの描かれた絵を踏めるかどうかで、その人間がキリシタン（クリスチャンのこと）かどうかをチェックした「踏み絵」のように、ある人物をやり玉に挙げて、同じように踏みつけることができれば、仲間であることが確認できるというわけです。

「いじめ」が行われる根本にも、同じような心性が働いているものと考えられます。ある人間をいっしょにいじめることで、自分たちの仲間意識を確かめ合う構造になっているのです。

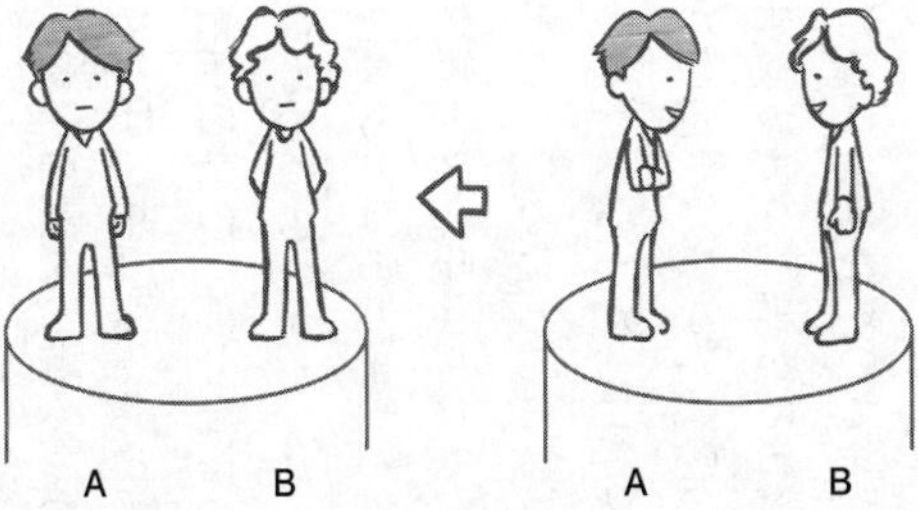

井戸端会議の場合

人間同士がそもそも「同じ」ということはありえないのですが、そこで無理に「同じ」仲間であることを確認するためには、「違う」と見なされるターゲットを持ちだしてきて、それについての反応が「同じ」であることを見るという消去法的なやり方しかないのでしょう。

モノローグとモノローグの井戸端会議

私たちの身のまわりで見られる会話の内容をじっくり観察してみると、実のところ、モノローグとモノローグのやり取りになっていることがとても多いようです。そこでは多少の情報交換が行われはするものの、本質的には、やはり互いが仲間であることの確認作業が行われているにすぎません。

このような会話は、当人たちは気づいていないことも多いのですが、かみ合っているようで案外かみ合っていません。お互いそれぞれ言いたいことを言っているだけで、相手の話を「聴く」つもりもないし「聴いて」もいないのです。こういうものを私たちは、井戸端会議と呼びます。

相手の話の一部分を持ってきて、それを自分の話にすり替えてしまう技術はなかなかのものなのですが、基本的に相手の世界に興味はなく、当然、相手の意見を「聴く」つもりはありません。ですから、井戸端会議においては、それぞれが一方通行のモノローグを吐きだしているだけで、誰も変化しません。

そして、なにしろモノローグなので「ニュースでやってたけど、○○って××なんだって」といった、「そうなんだ……」としか答えようのない発言や、肯定する返答しか想定していない「○○ってカッコイイよね？」といった発言がおもな内容になります。つまり、誰かにわざわざ話す意味のないような、空虚《くうきょ》なモノローグが交わされているにすぎないのです。

モノローグとダイアローグの違い

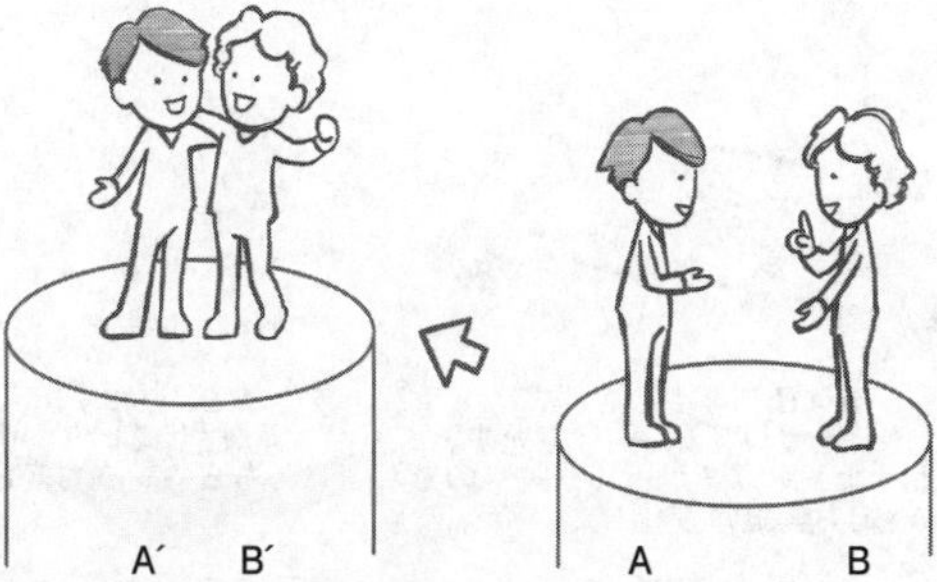

AもBも変化し、ステージが上がる
対話（ダイアローグ）の場合

モノローグとは、このようにやり取りを行っても変化が起こらないものを言いますが、一方「対話（ダイアローグ）」というものは、やり取りすることで双方に変化が起こるものであり、そこが決定的に違います。

前提３　対話は、お互いが変化することを目標とする

つまり「対話」とは、「討論」のようにどちらかの一人勝ちという結末があるのではなく、また井戸端会議のように両者とも変化しないわけでもないもので、双方が新たなステージにたどり着くことができるものです。

ですから、私たちが「対話」を行うためには、

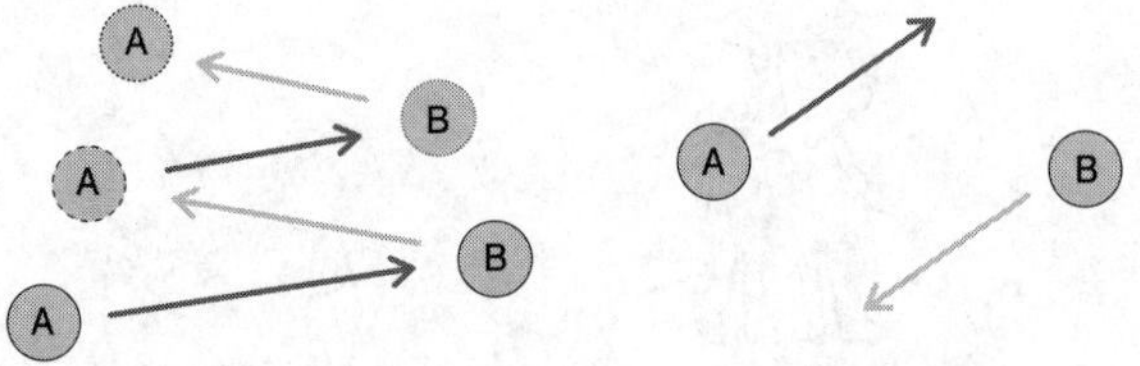

AはBに向けて話し
Bはそれを受けてAに向けて返す。
このようなキャッチボールが続くので
AもBも認識が変化していく

ダイアローグ

AもBも相手に向けて
話していないので
どちらの認識も変化しない

モノローグによる会話

「異人」である「他者」を敵視して戦ったり、「他者」を排除して仲間内だけで連帯するような「ムラ」意識から脱していなければなりません。つまり、「対話」とは「他者」と向き合い、交流することなのです。

ここで、モノローグとダイアローグの違いを図にまとめてみましょう。

モノローグによる会話では、相手に向けていない言葉を双方が勝手に発しているのに対して、ダイアローグでは、相手の返答を「聴きたい」という意図があって言葉が発せられるので、話がキャッチボールのようにやり取りされていきます。その結果、両者ともに新たな認識にたどり着くことができるのです。

第5講　上下意識があっては「対話」はできない

私たちは日常的に、さまざまな上下関係のしがらみの中で生きています。

親と子、兄弟の上下、先輩と後輩、先生と弟子《でし》、上司と部下、専門家と素人《しろうと》など、避けようもなく、あらゆる人間関係に上下関係が持ち込まれてしまっています。

上下関係を前提とするような「タテ社会」というものは、単一の物差しの上に人を並べるような価値観にもとづいています。つまり、年長者の方が賢明なはずだ、専門家の方がその物事についてよく知っているはずだ、上司の方が部下よりも正しい判断をするはずだ、親の方が子どもより間違いがないはずだ、といった感じです。

このような前提は、人間の「経験」が年月や体験の多寡《たか》によって決まっていると考える、完全に「量」的な側面だけを重視した視点から生じたものだと言えるでしょう。

「ムラ的共同体」は同質の価値観を前提にした共同体ですから、そもそも「質」的な違いが想定されていません。そこでは、単一の物差しの上に人間を並べることになり、その結果、優劣や上下関係が生じることになるわけです。つまり「タテ社会」とは、「ムラ的共同体」の別名なのです。

そのような人間観にもとづけば、自分より「下」の人間とは「対話」をする必要などさらさらない、ということになってしまうでしょう。つまり、「下」の人間は、自分以下で程度の低い「既知の存在」にすぎないわけですから、耳を傾けるべきものなど何もないというわけです。そのため、そこでなされる会話は、一方的な「説教」になりやすいのです。

――いまどきの若者は、年長者に敬意を払って素直に意見を聞こうとしない。

――新人にせっかく教えてあげているのに、ちっとも聞く耳を持とうとしない。

「いまどきの若者は……」という年長者のボヤきは、古今東西珍しくないものだったようですが、それにしても、このような「上」からの不満が増えてきている様子を見ると、従来の「タテ社会」も、だんだん機能しなくなってきていることは間違いないように思われます。

「上」から「下」への一方通行の「説教」は、前講で述べたモノローグに相当します。初めから「上」の人間は、「下」からの意見や提案を受け取るつもりがないので、ダイアローグになりようがないのです。

「対話」に必要な相手への畏敬の念

しかし、「対話」は相手を上下関係でなく、「未知の存在」と捉える視点を前提にして行われるものです。

前提4　対話において、話し手と聴き手に上下関係はない

前提1でも述べたように、相手を「他者」として見るということは、相手の中に自分には思いもつかない考えや感覚などがあるかもしれないと想定し、畏敬の念を持って相手を見ることです。「子どもだから、すべて自分より幼稚《ようち》なはずだ」「弟子だから未熟に違いない」「まだ若いんだからそんなことはわからないはずだ」などと、相手を低く捉えるような先入観がある場合には、畏敬の念を持つことができません。

しかし、人間という存在が、人の数だけ「質」的にヴァリエーションに富んでいるという事実を認識するとき、どんなに経験が「量」的に不足している人であっても、あるいは年齢が自分より若くても、何がしか驚嘆《きょうたん》すべき「未知」のものを秘めている存在かもしれない、と想定することができるでしょう。これが、「ムラ」的でない人間観なのです。社会的・年齢的に上下関係があることは、現実生活の上では避けられないことだとしても、人間の価値については、そのような見方を持ち込まない人間観が、「対話」を行う上で欠かせない基本条件なのです。

素人と専門家

もちろん、「量」的にたくさん経験を積んでいる人間の方が、物事を熟知している側面があることは否定できません。しかしながら、案外、その事柄について無知の素人であるがゆえに感じ取れる大切なことがあるのもまた事実です。

夏目漱石《なつめそうせき》の『素人と黒人《くろうと》』という評論に、こんなことが述べられています。

観察が輪廓《りんかく》に始まって漸々《ぜんぜん》局部に移って行くという意味を別の言葉で現わすと、

観察が輪廓を離れてしまうということに帰着する。離れるのは忘れる方面へ一歩近寄るのと同然である。しかもその局部に注ぐ熱心が強ければ強いほど輪廓の観念は頭を去るわけである。だから黒人は局部に明るいくせに大体を眼中に置かない変人に化けてくる。そうして彼らの得意にやってのける改良とか工夫とかいうものはことごとく部分的である。そうしてその部分的の改良なり工夫なりが毫《ごう》も全体に響いていない場合が多い。（中略）

素人はもとより部分的の研究なり観察に欠けている。その代り大きな輪廓に対しての第一印象は、この輪廓のなかで金魚のようにあぶあぶ浮いている黒人よりは鮮やかに把捉《はそく》できる。黒人のように細かい鋭さは得られないかも知れないが、ある芸術全体を一眼《ひとめ》に握る力において、靡爛《びらん》した黒人の眸《ひとみ》よりもたしかに溌剌《はつらつ》としている。富士山の全体は富士を離れた時にのみはっきりと眺められるのである。（中略）

こうなると俗にいう黒人と素人の位置がしぜん顛倒《てんとう》しなければならない。素人が偉くって黒人がつまらない。

（夏目漱石『私の個人主義　ほか』「素人と黒人」より　中公クラシックス）

漱石もこのように、その道の専門家や経験者というものが、ともすれば細部にばかりとらわれてしまいやすく、むしろ先入観のない素人の方が、第一印象で直観的に本質的なものを感じ取ることができるのではないかと指摘したのです。

このように、どんな相手であっても、そこに傾聴《けいちょう》すべき新鮮な感想や指摘があるかもしれないと考えることが、「対話」を行う大切な基本姿勢なのです。

第2章　対話の技法

第6講 「聞く」と「聴く」の違い

さて、「対話」とは「わからない」相手を知ろうとすることですから、まずは相手の言葉を「聴く」ことから始めることになります。ここでは「聴く」という言葉を、「聞く」とは違うものとして、はっきりと区別しておきたいと思います。

「聞く」というのは、物理的に流れている音声をただ受け身的に聞いている状態であって、テレビやラジオを漫然《まんぜん》とBGM的に流しているときのような感じです。それに対して「聴く」というのは、積極的に相手の話に注意を向けて「知ろう」「わかろう」とする態度を指します。

相手のことを「知る」「わかる」とは、相手の感じている感覚や感情を、ありありと自分の中にイメージできるようにすることです。そのためには、ただ黙って聴いているだけでは、どうしても足りません。

なぜなら、人は、自身にとってあたり前になっていることについては、くわしく話さなかったり、省略してしまったりするもので、そのため、聴き手が「ただ黙って聴く」だけでは、どうしても理解に限界が生じてしまうのです。

また、同じ日本語同士でやり取りしていても、ある一つの単語に込めている意味合いやイメージは一人ひとり微妙に違っているものであって、それを吟味せずにただ受け取ってしまうと、理解したつもりでも、実は手前勝手なずれた理解になってしまうおそれもあるのです（この点については、第15講でくわしく考えることにしましょう）。

「わからない」を聴く

ですから、「聴く」上で大切なのは、「わかる」ことと「わからない」ことをていねいに聴き分けていくことです。

話し手が、あたり前のこととしてサッと通り過ぎていく話を聴いて、それが聴き手にとってあたり前ではなく「わからない」と感じた場合に、それを「きっとだいたいこんな感じだろう」と勝手に解釈して、やりすごしてしまってはなりません。

そのときに質問してみるか、あとで質問するのか、あるいは質問せずにとどめておくか、いずれを選択すべきかについては微妙な判断も要求されますが、原則として、やはり「わからない」箇所は相手に訊《き》いてみるしかありません（くわしくは、第11講で「流れ」の問題として取り上げます）。

よく、「うん、わかる、わかる」という反応を連発しながら、相手の話を聴いている人があります。

これは一見、共感的に聴いているふうに見えるかもしれませんが、このような聴き手は、「わかる」ということに対してあまりにきめが粗く、慎重さに欠けていると言わざるをえません。そんな反応を返されると、話している側に「そう簡単にわかってたまるもんか！」という気持ちが湧《わ》き上がってきて、逆に不信感を抱いてしまうものです。

私も、クライアント（患者さん）にお会いして間もない段階で、軽率にもすっかりわかったようなことを言ってしまって、信頼を得られなかった苦い経験があります。

また、これとは逆に、お話を聴き始めて半年くらいたったころに、「やっとあなたのことが少しわかったような気がします」とお伝えしたところ、これが信頼を得るきっかけになったこともありました。

人間は「未知なるもの」を恐れる性質があり、ついついそれを「既知なるもの」に落とし込みたくなるものです。分類したり、名前をつけたり、似ているものになぞらえたりという行為がそれです。ですから、人の話を聴く際にも、「それって○○でしょ」と名づけてみたり、「それは○○と同じだ」と近似させてみたりしたくなるものです（この点については、第９講でも「たかをくくること」として取り上げます）。

しかし、「わからない」をそんなふうに「わかる」にすり替えてしまうと、深い理解にたどり着くことができなくなってしまいます。相手は「他者」なのですから、むしろ、そう簡単に「わかる」はずはないと思っているくらいで、ちょうど良いのです。「わからない」を「わからない」のままに、ていねいに「わかる」まで聴いていこうとする姿勢が、「対話」には欠かせない誠実さなのです。

相手が前提にしている「基本公式」を問う

さて、「わからない」点について質問を投げかけてみますと、こちらが思いも及ばなかった内容が語られることが少なからずあります。

聴き手からすれば、ユニークな考えや経験だと思えるような内容も、案外、話し手自身は「ほかの人もみんなそう考えているものだと思っていた」とか、「こんな経験は大したものではないと思っていた」と捉えていることがあるのです。

つまり、本人自身が特別な経験だと捉えていることは自発的に語られやすいのですが、その人がもはや当然のこととしてしまっている考え方や感じ方については、質問でもされないかぎりは、省略されてしまって、あえて語られないことが多いわけです。

ですから、このように質問を向けてみることは、話し手が物事を考えたり判断したりするときに用いている「基本公式」を問うことである、とも言えるでしょう。

人は「基本公式」に問いを向けられたとき、ふだん滅多に目を向けない自分自身の考え方や価値観の基盤に目を向け、それを言葉に汲《く》み上げて語らなければならなくなります。これがその人に「内省《ないせい》」という作業を呼び起こし、また「問われた」ことによって、その「基本公式」も相対化されることになるのです。つまり、質問されたということは、本人にとってあたり前になっていた感じ方や考え方が、「どうやらあたり前ではないらしい」ということになるわけで、それまで絶対的だと思っていたものが崩れて、相対化されるのです。

次の図には、AさんにBさんが質問を向けていくことによって、Aさんが前提にし

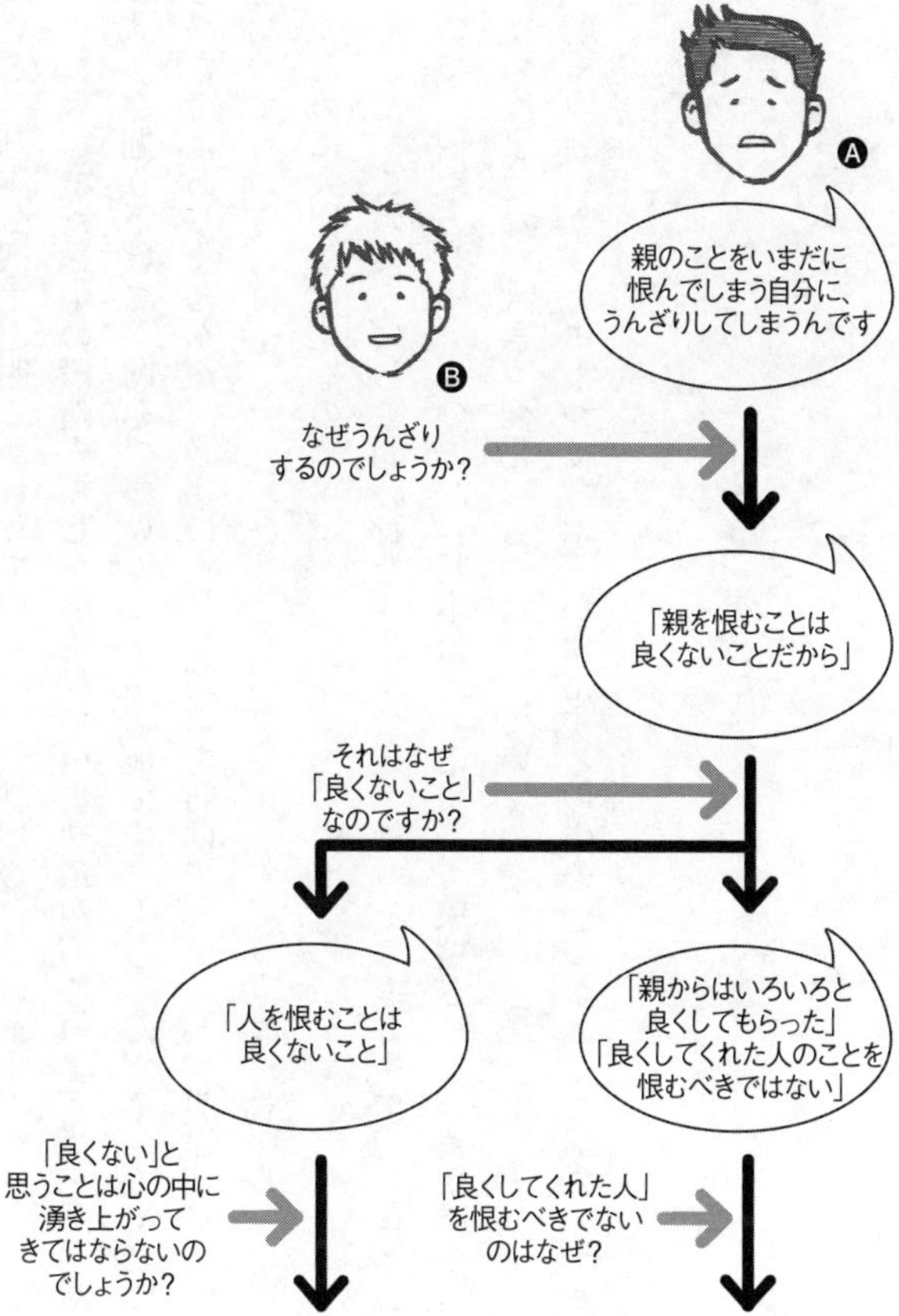
A
B
親のことをいまだに恨んでしまう自分に、うんざりしてしまうんです
なぜうんざりするのでしょうか？
「親を恨むことは良くないことだから」
それはなぜ「良くないこと」なのですか？
「人を恨むことは良くないこと」
「親からはいろいろと良くしてもらった」「良くしてくれた人のことを恨むべきではない」
「良くない」と思うことは心の中に湧き上がってきてはならないのでしょうか？
「良くしてくれた人」を恨むべきでないのはなぜ？

基本公式を問う

ている「基本公式」を明らかにしていく一例が挙げられています。

これは、まだ途中の段階までしか示されていませんが、このようにどんどん「基本公式」を掘り下げて「聴いて」いくことが可能です。もちろん、やみくもに問い続けるべきではありませんが、必要に応じて問いを向けて、その人が前提にしている認識を語ってもらうわけです。これは、「わからない」を少しでも「わかる」に近づけていくために大切な作業なのです。

そして、このようにして問われた「基本公式」は、その人の中で相対化されはじめるので、結果として、その人が「基本公式」によって束縛されていた状態から解放されていくような、大きな変化にもつながっていくのです。

「聴く」ということによって、相手が変化する理由の一つがここにあるのです。

第７講 「分身の術」を使って聴く

相手が話している最中に、聴き手が自身の考えや価値判断を差しはさんでしまったことで、「対話」が中断してしまうことがよくありますが（次講でもくわしく取り上げます）、これは、聴き手が中立的に「聴く」ことに徹することができなかったための失敗です。

よく「聴く」ためには、聴き手は一度、自分を白紙にしなければなりません。しかし、これがなかなか難しいもので、人はそう簡単に自分を白紙にできないものです。無理に中立的になろうとして、感情のないロボットのように、「あなたはそう思うのですね」と判で押したような答えしか返さないカウンセラーをよく見かけますが、これは、まったく誤った白紙状態だと言わざるをえません。

クライアントはこのようなカウンセリングの感想を、「壁に向かって話しているようだった」と口をそろえておっしゃいます。これでは、カウンセラーが自分で感覚や感情を凍結させて、自分を「離人症」状態にしてしまったようなものです。クライアントは、その不気味さや手応えのなさにうんざりして、早晩話《そうばん》すことを止《や》めてしまうことでしょう。

それでは、白紙の状態で「聴く」ようにするには、いったいどうしたら良いのでしょうか?

「無色透明な分身」

白紙の状態で「聴く」といっても、自分そのものを白紙にすることは原理的にできません。そこで、聴き手としての自分を、「本体の自分」と「無色透明な分身」の二つに分けるイメージが役に立ちます。

つまり、「本体の自分」は残しておき、「分身」だけを相手に飛ばして、この「分身」が白紙の状態で「聴く」ことにするのです。

しかし、この聴くための「分身の術」は、本体となる自分があやふやな状態のときにはうまくいきません。

自分が、周囲の空気や集団のしがらみなどによってコロコロと変わってしまう在り方になっていては、「本体」が基地としての安定性に欠けるために、うまく「分身」

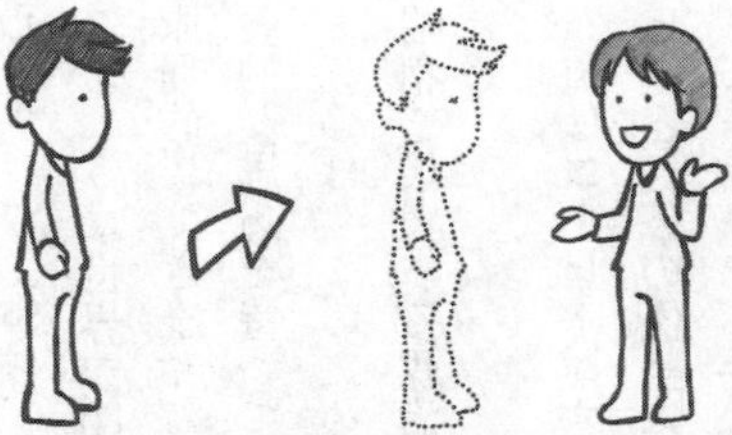

無色透明な分身を相手に飛ばす

を飛ばせないのです。別の言い方をすれば、「本体の自分」があやふやでは、「聴く」ことで「本体」の方が影響されてしまって、余裕のない状態に陥ってしまい、「分身の術」を使うどころではなくなってしまうのです。

ユダヤ人哲学者のマルティン・ブーバーも、『我と汝・対話』という著作でこのように述べています。

むろん、他者にむかって出てゆけるためには、その出発点がなくてはならない。そのためにはわれわれは、自己のもとにいたのでなくてはならず、自己のもとにいるのでなくてはならない。

（マルティン・ブーバー『我と汝・対話』「対話」より
田口義弘訳 みすず書房）

また、このような状態とは反対に、「自分は揺るぎなく正しい」と思い込んでいる人も、「分身の術」を使うことはできません。そういう人は、「他者」の世界についは実のところ関心がなく、自分とは違う考えを「理解したい」とも思っていないのが本心です。ですから、そもそも外に向かって世界を開いていないのです。

このように世界が閉じている状態では、「他者」に向かって「分身」を飛ばすことは原理的にできませんし、する気にもならないでしょう。原理主義的な信仰や、教条主義的な思想を持っている人たちが、異なる考えの相手と「対話」できずに対立してしまうのは、このためです。政治的論争などでも、よくこの現象が見受けられます。

昭和を代表する政治思想家・丸山眞男《まるやままさお》氏がこんなことを述べています。

俺はコーヒーがすきだという主張と俺は紅茶がすきだという主張との間にはコーヒーと紅茶の優劣についてのディスカッションが成立する余地はない。論争がしばしば無意味で不毛なのは、論争者がただもっともらしいレトリックで自己の嗜好《しこう》を相互にぶつけ合っているからである。自己内対話は、自分のきらいなものを自分の精神のなかに位置づけ、あたかもそれがすきであるかのような自分を想定し、その立場に立って自然的自我と対話することである。他在において認識するとはそういうことだ。

（丸山眞男『自己内対話』より　みすず書房）

ここで「他在において認識する」と丸山氏が言っているのは、私が「無色透明な分身を相手に飛ばす」と言っていることと同じ内容です。つまり、「俺はコーヒーがすきだ」という人が、その好みを本体の自分に残しつつ、「俺は紅茶がすきだ」という人に「無色透明な分身」を飛ばして、その「分身」に「紅茶がすきという嗜好」に一体化してもらうということなのです。

「理解する」と「同意する」とは別のこと

丸山氏は、さらにこんな重要なことを述べています。

「理解する」というのは「同意する」ということではないんです。その意味で「わかる」という日本語は非常に困る。「やあ、気持ちわかった」なんて言ってね。「わ

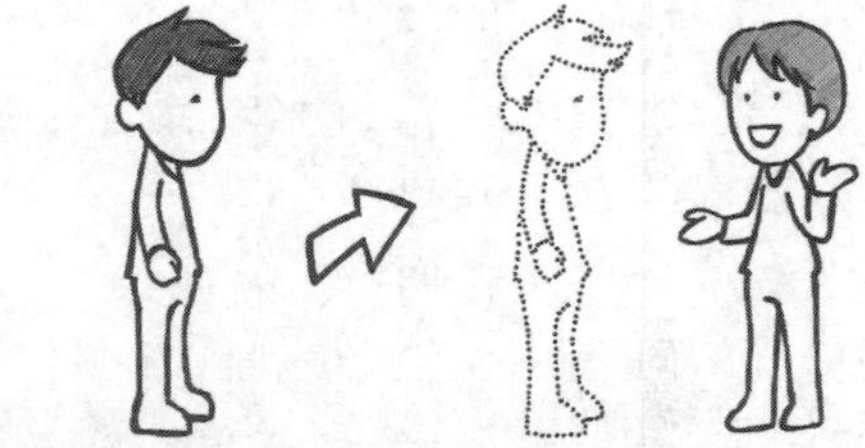

「同意」するか否かは
本体が決める

「理解」は
分身が行う

「理解」と「同意」の切り分け

かる」という言葉の意味は「理解する」ということと「同意する」ということが、ゴッチャになっている。意見に反対だけれども、「理解する」――この理解能力が、他者感覚の問題です。

（丸山眞男『丸山眞男集　第十一巻』「日本思想史における「古層」の問題」より　岩波書店）

「理解する」ことと「同意する」ことを、なかなか私たちは区別できずに、「わかる」という言葉の中に混然《こんぜん》一体に放り込んでしまっています。この区別がついていないがために、「同意」したくない場合には、人は「理解」しようとする作業をも放棄してしまうのです。これが、私たちの「対話」を妨げている、かなり大きな要因だと考えられます。

「理解する」と「同意する」を切り離すためには、

やはり先ほど述べた「分身の術」が不可欠です。つまり、「理解する」作業はもっぱら「分身」が行って、「同意する」かどうかは、それとは独立して「本体の自分」が判断すれば良いのです。

このように、「他者」と「対話」を行うためには、「分身の術」が不可欠なのですが、「分身の術」を可能にするために、まずは「本体の自分」を確かなものにしておくこと、そして、相手を理解するために柔軟な想像力を養成することです。

――価値観の合う人としか、会話したいと思わない。

こんな意見を持っている人にこそ、この「分身の術」は役立つイメージなのではないかと思います。「理解」と「同意」を切り分けることさえできれば、「対話」という「経験」の場は、どんな人にとってもきっと身近なものになっていくことでしょう。

第8講　「聴く」を遮断してしまう発言

「対話」が行われているときに、聴き手が途中でそれを遮断《しゃだん》してしまう発言をすることがあります。

相手が十分に言いたいことを言い終わらないうちに、自分の考えで勝手に「それは〜だよ」とたかをくくってしまったり、「それはこうすればいいのよ」といった形で解決策を押しつけてしまったり、「それは間違っている！」などと感情的に自分の判断を加えてしまったりすることがそれです。

さて、このように聴き手が「聴く」に徹することができなくなるのは、どうしてなのでしょうか？

聴き手の価値観の限界が「聴く」ことの限界

「聴く」ことができなくなるという事態は、聴き手がその話に耐えられず感情的になり、中立的でいることができなくなった場合や、前講で触れたように、「理解する」

と「同意する」の切り分けができていないときに起こるのだと思われます。

人は、「向き合う準備のできていないテーマ」に遭遇したときに、それを聴くことを無意識的に避けようとするものです。

「向き合う準備のできていないテーマ」とは、本人が真の意味で自分で考えてみたことのないテーマのことです。つまり、外部からていねいな吟味を行わないで採り入れた借り物の価値観や、できあいの常識、道徳、宗教観などで片づけてしまって、その人が自身では考えたことがなかったようなテーマのことです。

そのようなテーマに直面すると、自分の中に「答えられない」「どう返してよいのかわからない」といった不安が頭をもたげてくるので、人はそれに耐えかねて、瞬間的にその話題を遮断したくなってしまうのです。

量子力学の世界的権威でもあるデヴィッド・ボーム氏も、『ダイアローグ』という著作で、このような遮断について触れています。

質問をブロックする人たちは、自分にとっては非常に大切かもしれない考えに存在する矛盾との直面を、無意識に避けているのだ。

（デヴィッド・ボーム『ダイアローグ』より　金井真弓訳　英治出版）

つまり、自分できちんと考えてみたことのない借り物の考えは、「経験」にもとづいてオリジナルに積み上げたものではなく、なぜそう結論づけたのかというプロセスもよくわかっていないので、「もし突っ込まれたら、矛盾が露呈《ろてい》してしまうのではないか」というおそれが払拭《ふっしょく》できない。そこで、そのテーマを掘り下げられることのないように、「対話」を遮断してしまいたくなるわけです。

なぜ「守り」に入るのか

ボーム氏はさらにこう述べます。

もし、その意見が正しいなら、守ろうとする必要はない。もし、間違った意見ならば、そもそも守る必要があるだろうか？　しかし、意見に自分の姿を重ね合わせた場合、人はそれを守ろうとする。意見に異議を唱えられると、まるで自分自身が攻撃されたかのように感じるのである。

（デヴィッド・ボーム『ダイアローグ』より）

つまり、自分の考えが「借り物の考え」である場合にかぎって、人は「意見に自分の姿を重ね合わせ」、その考えを守ろうとするのです。まさに「意見に異議を唱えられると、まるで自分自身が攻撃されたかのように」感情的になる人たちが、私たちの身のまわりにいくらでも見つかるでしょう。

しかし、考えが真に「自分の考え」である場合には、むしろ人はそれを守る行動はとらず、「対話」を歓迎するものです。ここで、奇妙な逆説に気がつきます。

なぜ人は「自分の考え」は守ろうとせず、むしろ「借り物の考え」を感情的になってまで必死で守ろうとするのでしょうか？

卵とひよこ

それを考えるために、卵とひよこの喩《たと》えを見てみましょう。

卵は硬い殻《から》で覆《おお》われていますが、これは、中が形を保てないドロドロした黄身と白身であるため、それを外部からしっかり保護するために必要なものです。

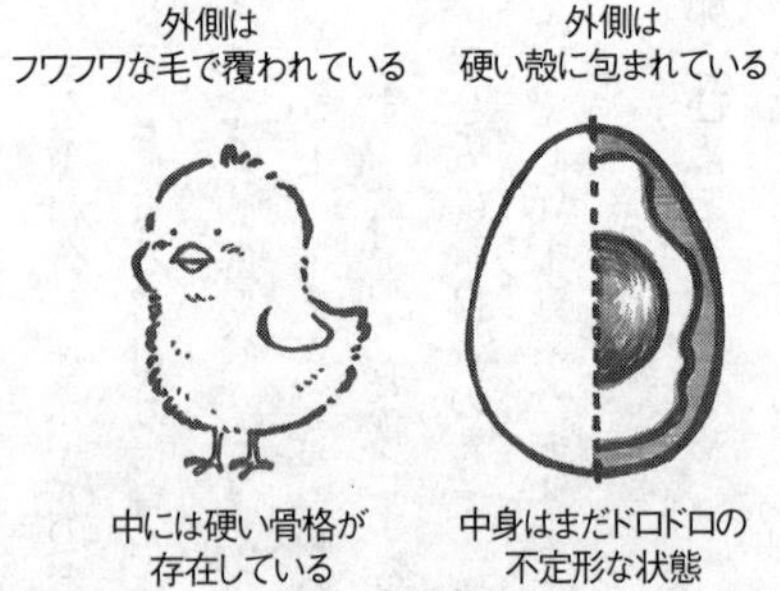
外側は
フワフワな毛で覆われている
外側は
硬い殻に包まれている
中には硬い骨格が
存在している
中身はまだドロドロの
不定形な状態

卵とひよこ

一方、卵が無事にふ化してひよこになったときには、外側はフワフワの毛で覆われ、内部にしっかりとした硬い骨格が形成された状態になります。

このように、外側が硬ければ内側はやわらかく、外側がやわらかければ内側に硬いものがあるという逆転があるわけですが、これが人の「考え」というものについても、あてはまるのです。

「借り物の考え」は、思想として十分なまとまりや強さを持っていないために、人は硬い殻をまとって、これを必死に守ろうとする。しかし、「自分の考え」の場合には自信があるのでこれを頑なに守る必要がなく、柔軟に開かれた状態でいられるのです。

「対話」に臨むためには、この柔軟に開かれた態度が欠かせません。それは、前に「経験に身を開く」

として述べたもののことです。

もちろん、どんな人であっても、神ではないわけですから、すべての事がらを「経験」しているはずはありませんし、自分で考えたことのないテーマがあっても、不思議はありません。しかし、だからといって「借り物の考え」を頑なに守ることは、「経験」による真の成熟を止めることになってしまいます。

自分の考えや意見をガッチリと固めるのではなく、むしろ、「対話」をはじめとする「経験」を重ねながら、いつも現在進行形で「自分の考え」をバージョンアップし続けていくことが、変化する生き物である人間にとっては自然で豊かなことでしょう。

一般的に「考え」の価値とは、その考えが「正しい」かどうかにかかっていると思われているようですが、私はむしろ「正しさ」よりも、その「考え」が必要とあらばいくらでも変更されうるような即興性と柔軟さを備えているかどうか、つまり、「生きた考え」であるかどうかが重要なのではないかと思うのです。

第9講　たかをくくらない

人の話を聴いていて、「どうせ、こういうことが言いたいんだろう」「またいつもの考え過ぎが始まった」「また同じ話か」といった感じで、私たちはついつい、たかをくくってしまいたくなることがあります。しかし、そんな聴き方をしてしまうと、前講でも述べたように、「対話」は遮断されてしまいかねません。

たかをくくった聴き方では、往々にして大切な細部を聴き逃してしまったり、相手に話す気をなくさせてしまったりします。話し手は、相手がたかをくくって聴いていることを、敏感に察知するものです。

それにしても、私たちがたかをくくってしまいたくなるのは、どうしてなのでしょう？

効率化を目指す「頭」

詩人・谷川俊太郎《たにかわしゅんたろう》氏の「雑草の緑」という詩は、こんなふうに始まります。

生い茂る雑草の緑をぼんやり眺めているとたかをくくりそうになる
どこまでも我を張るあの婆さんもいつかは死ぬだろう
ぼくのしてやれることはたかが知れてる
業が深いのは生まれつきで誰にもどうにもなりゃしない

（谷川俊太郎『世間知ラズ』「雑草の緑」より　思潮社）

この詩は、谷川氏が年老いた母親の介護をしていた時期に書かれたものだと思われます。

一行目で「たかをくくりそうになる」とありますが、その内容が二行目から四行目に書かれています。はてしなく続くと見える介護の大変さ、自分には何がしてやれるのかという無力感、歳をとって一層頑固に強調された母の性格につき合わなければならないうんざり感、そういった気持ちを自身でなだめるために、二行目から四行目にあるような考え方を持ちだして、たかをくくりそうになったという内容です。

このように、どうしようもない状況に直面したときなどに、人は「たかをくくる」

ことでどうにか自分の苦悩を減らそうとします。

われわれ人間は、ほかの動物と違って、思考をつかさどる「頭」という部分を備えるようになった動物です（第14講参照）。この「頭」は、そもそも物事の効率化を図るために進化の過程で発達してきた部分です。いわば「二匹目のドジョウ」を狙うような働きをする場所で、一度うまくいったことをもう一度うまくいくようにとか、同じことをするならより簡単に済まそうとするといった効率化を目指して働きます。「たかをくくる」ということも、この「頭」によって行われる効率化の働きの一つなのです。

つまり、繰り返し起こってくる似たような現象に対し、毎度毎度同じように悩んだり不快感を抱いたりするのは大変なので、「あれはこういうものだ」と固定的な認識をこしらえて、精神の働きを省力化しようということなのです。私たちが使っているコンピューターには「キャッシュ」というものを使って作業効率を上げる仕組みがありますが、人間の「頭」というコンピューターにも、まさにそんな仕組みが備わっているのです。

ですから、そもそも人間の「頭」というものは、効率化を目指して「たかをくくる」傾向を備えている器官なのだと言うこともできるでしょう。

たかをくくることの問題点

「たかをくくる」とは、対象を固定的に捉えることです。この捉え方は、対象が変化しない性質のものである場合には問題ありませんが、刻々と変化する生き物としての人間を対象にする場合には、微細な変化を見落としてしまうことになり、不適切です。

クライアント（患者さん）の家族との面接でしばしば驚かされるのは、かなりクライアントが変化してきている場合でさえ、家族はそれに気づかず「ちっとも変わっていない」と認識していることが多いことです。また、本人自身も、案外、自分自身の変化には気づいていないものです。つまり、家族も本人も「しょせんこの子はこういう子だ」とか「どうせ自分はこんな人間だ」とたかをくくってしまっているのです。

このように、せっかく大切な変化が起こっていても、それに気づかず「相変わらず」と認識してしまうことは、その変化の芽を摘《つ》んでしまうことにつながりかねません。一般的に、「人はそうそう変わらないものだ」という考えが流布《るふ》されているようですが、実のところ、そう思い込んでいるために変化の芽生えを見逃し、貴重なチャンスをふいにしてしまっていることがとても多いのではないかと思われます。

もちろん、変化を自《みずか》ら止めてしまっているような状態にある人も少なくありません。しかし、それでも人間は、いつかひょんなきっかけから変化できる可能性を秘めた存在です。「どうせ、いつもと同じだろう」といった「たかをくくる」認識のフィルターを外してみることで、自分自身にも、また身近な「他者」にも、貴重な変化の兆《きざ》しを認め、変化に向かって一歩を踏み出す道が拓《ひら》けてくるのです。

「たかをくくる」ことは、「対話」の精神の対極にあるものであり、これも〈「対話」の死〉を招いてしまいます。変化する者同士だからこそ、今日の「対話」で終わることなく、明日の「対話」が意味を持つのです。

たかをくくらないために

ここで具体的に、たかをくくらないための心構えのポイントを、いくつか挙げておきましょう。

1　どんな相手に対しても、自分の感じ方や考え方を超えたものを持っているかもしれないと思って「聴く」こと。

2　昨日までのその人と今日のその人が同じとはかぎらない、と思って今日の話を聴いてみること。

3　途中まではいつも通りの話であっても、どこかが微妙に変わってきているのではないかと思って「聴く」こと。

4　相手が同じ話を何度もするということは、その話に込められている重要な意味をこちらが汲み取れていないからではないかと考えてみること。

5　昨日までは聴き取れなかった何かを、今日の自分ならば聴き取れるかもしれないと思ってみること。

1は、第５講でも触れた内容でした。**2**、**3**、**5**については、「人は日々刻々と変化する存在である」ということを理解することから必然的に導かれる態度です。逆に言えば、「たかをくくってしまう」のは、「人は変化しないもの」という誤った認識から生ずる態度なのです。

4は、「人は、何の意味もなく同じ話を繰り返したりはしないものである」と考えることでもあります。「また同じ話か」とうんざりするようなときにこそ、「なぜ、またこの話が語られるのだろうか」と考えてみる態度が必要です。その時点では無意味な反復にしか見えなくても、遮断せずに聴き続けてみることで、あるときふと、その本当の意味がしみじみとわかってくることもあるのです。

第10講 「同意」できなくても「対話」はできる

私は仕事柄、クライアントから「死にたい」という話を聴くことがよくあります。このような内容は、もっとも「聴く」ことの難しいテーマの一つだろうと思います。

私自身、以前を振り返ってみると、「死にたい」という話をされても、じっくりとその気持ちを「聴く」ことができずに、つい話をそらしてしまったり、「それは〜のせいだから気にしない方がいい」とか、「それではクスリを調整しておきましょう」「でも、きっと良くなりますよ」といった発言で、つい話を遮断してしまったりしたこともありました。

いまにして思えば、それはこちらが「もし自殺されてしまったらどうしよう」と不安になってしまい、自分の不安を解消するために「聴く」ことを遮断して、性急に決めつけやアドバイスを行ってしまっていたのです。

このように、語られるテーマが深刻なものであればあるほど、聴き手は「聴けない」状態に陥ってしまいやすいものです。どんなに聴き手が取り繕《つくろ》ったとしても、話している人は、相手が「対話」を遮断したことを敏感に察知します。そこで話し手は「もうこの人にこの話をするのは止めよう」と思い、コミュニケーションは断たれてしまうのです。

人はなぜ話をするのか

特に、この「死にたい」といった重いテーマの話を聴く場合には、「人はなぜ話をするのか」ということの、根本的な意味を理解しておかなければなりません。

「死にたい」という話は、もう揺るぎなく死を決断している人が、わざわざ人に話すはずのないものです。逆に言えば、「死にたい」という気持ちが湧き上がってくることに本人自身が困っているからこそ、「人に話す」のです。つまり、「死にたい」という気持ちから逃れるための手掛かりがそこにありはしないかと、わずかでも希望を託して話してくれているわけです。

ここで求められていることは、まずこの話を、聴き手側の価値判断を差しはさまずに聴くことです。

第7講で述べた「理解する」と「同意する」を分けることが試されるのは、特にこういう局面です。「死にたい」に対しては、もちろん余程の事情があったとしても、通常聴き手は「同意」することはできないでしょう。しかし、それでもその気持ちを「理解」することだけは、十分に可能なのです。

このように「同意」を切り離して「理解」を目指して聴くことに徹していると、自然にその気持ちにまつわるさまざまな話が吐露《とろ》されてくるものです。くわしく言えば、「死にたい」と思うに至った背景や気持ちや考えの推移、そして、「死にたい」という言葉の陰に省略されている部分が徐々に語られ始めるのです。「死にたいくらいにつらい気持ち」「死にたいという気持ちが消えないことがつらい」「死にたいと考えてしまう自分が恐ろしい」「死にたいなんて言ってしまって申し訳ない」「死にたい気持ちをどうにか消し去りたいけれど、どうしてよいかわからない」「死にたい気持ちもあるけれど、同じくらい死にたくない気持ちもある」等々、そこに省略されている思いにはさまざまなヴァリエーションがあるもので、ひたすらに耳を傾けて聴かないかぎり、それはわからないものです。

しかし、話し手はそのように聴いてもらえることで、重荷が少し軽くなった感じがして、不思議と死なずに済むようにもなります。つまり、じっと「聴いて」理解しようとしてくれる生身の人間が確かに目の前にいるのだという事実が、その人を生につなぎ止める力になるのです。しかし、ここで「聴く」ことを遮断してしまって、どんなに正しいアドバイスを告げたとしても、それは相手の「聴いてもらえなかった」落胆をカバーするものにはなりえません。

別の例でも考えてみましょう。

A君が父親に「僕、バイクが欲しいんだ」と話したとしましょう。

これに対して父親が、「ダメだ。危ないし、だいたい自転車を持っているんだから、そんなもの必要ないだろう！」と返したとしましょう。よくありがちなやり取りですが、しかし「対話」の観点からすれば、これは遮断が行われたことになってしまいます。

では、ここでどういう返し方をすれば、これが「対話」として続いていくのでしょうか？

「理解する」ことと「同意する」ことを切り分けることが、ここでも重要なカギとなります。つまり、A君が「バイクを買う」ことについて父親が「同意」できないとしても、「理解」のチャンネルによって「対話」は十分に継続できるのです。

ここで、まず父親が聴くべきなのは、A君が「バイクが欲しい」と思うようになったいきさつや、それにまつわるさまざまな気持ちや考えです。ていねいにチューニングを合わせて、それらの気持ちが「理解」できるように聴いていきます。「理解」がひと通り済むまでは、価値判断を差しはさんではなりません。

そうすることで、たとえば「自転車だとバックミラーもないし、車道で車から邪魔《じゃま》に扱われて、すぐそばを飛ばされるから危ないんだ」といった話になるかもしれませんし、「何か自分でもよくわからないけど、バイクにまたがって風を切って飛ばせば、自分が変われるような気がするんだ」という思いが語られるかもしれません。

語られた話の内容に応じて、その先、話はさまざまに展開していくことでしょう。そして、案外、バイクを買わないで済むような解決策も見つかってくるかもしれませんし、また、父親が「同意」できないと表明したとしても、A君は十分に気持ちを「理解」してもらっているので、決して険悪な感情的対立には至らないことでしょう。

「他者」を「理解」するとは

人が対立してしまうのは、意見が対立するからではありません。対立は、「理解」を放棄してしまう態度、つまり「対話」の遮断によって生ずるのです。

第7講で引用した「意見に反対だけれども、『理解する』――この理解能力が、他者感覚の問題です」という丸山眞男氏の言葉をもう一度思い出しましょう。そこで丸山氏が「他者感覚」と言っているものこそが、異なった意見を持つ「他者」との「対話」を成立させる基本の構えです。

この「他者感覚」とは、「他者」の気持ちや思考の流れをシミュレーションする想像力と、その作業を自分の意見や感情によって中断したり捻《ね》じ曲げたりしない理性の強さによって成立するものです。人間の知性の両輪をなす想像力と理性が、個人的感情に影響を受けることなく、相手への「理解」に用いられること、これが第7講で「分身の術」として述べたことの本質なのです。

「理解」と「同意」を切り離して「聴く」ことは、私たちが想像している以上に大きな力を持っています。「対話」は、意見の異なる者同士が対立に終わることなく、新たな「理解」の地平に開かれる可能性を秘めているのです。

第11講「流れ」を壊さずに聴く

自然に語られる話には、かならず話し手固有の「流れ」があります。この「流れ」を邪魔せずに聴いていくように心がけると、「対話」は自然に無理なく展開していきます。

しかしそれは、ただ黙って聴いていればよい、ということではありません。積極的ではあるが、自然で美しい「対話」を目指すということです。

ただし積極的といっても、相手に対して侵害的《しんがい》になってしまっては意味がありません。あくまで自然で美しい「流れ」を乱さないことが大切です。

たとえば、質問をする場合でも、相手の話の「流れ」に沿って行われることで、自然な「流れ」は維持されつつ、さらに豊かな「流れ」が生みだされてきます。

しかし、唐突な質問を加えたり、無関係な話題に飛躍したりすると、川に石が投げ入れられたように、話の「流れ」は異物の投入によって一挙にかき乱されてしまいます。話し手の話したいことよりも聴き手の聴きたいことの方が優先されてしまうときに、異物の投入が起こるのです。

「流れ」を妨げない質問の仕方

ただ黙って聴いているだけであれば、「流れ」を邪魔しないことはさほど難しいことではありませんが、もし聴いていて「わからない」ところがでてきたときに、「流れ」を妨げずに質問を行うことについては、少々、技術を要します。

「異物を投入しない」質問を行うためには、おおまかに三つのポイントがあります。一つは、どのような言葉を用いるのかということ。もう一つは、タイミングの問題。そして最後に、「流れ」から飛躍しないようにするということです。

まずは、話し手の使った言葉を質問においても用いるようにすることで、質問に異物感が生じにくくなるということがあります。「理解」が十分に進んでからでなければ、別の言葉に勝手に置き換えたりしないようにするのです。

話し手が選んだ単語や表現をそのまま借りることによって、質問が自然に届きやすくなり、相手にとっても自分のした話の延長として答えられるので、話が連続的に違和感なく流れていくのです。

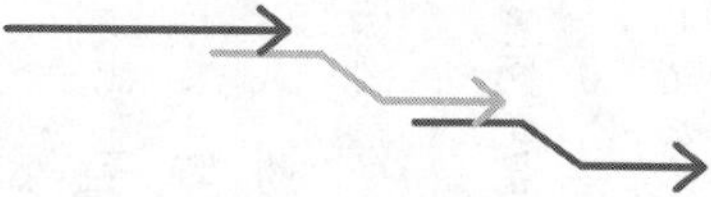

連続性を失わない自然な流れの対話

対話の流れを乱す異物の投入

対話の流れ

次のタイミングの問題については、簡単には言い尽くせないところもありますが、まずは相手の話が勢いをもっているときには、それを中断させてまで質問を向けてしまうと、「話の腰を折る」ことになってしまいますから、基本的には避けることが望ましいでしょう。そこに無理やり途中で口を差しはさんでしまうと、話を中断させられたことによって、話し手の話したい欲求がかえって増大してしまいます。息を吐き終わってからでないと息が吸えないように、話し終わってからでないと人は「聴く」モードには切り替わらないものなのです。

最後に挙げた「流れ」から飛躍しない質問の仕方とは、いま述べたタイミングの問題と複雑に絡んでいるものです。

聴き手が「わからない」と感じても、タイミングに配慮して、すぐに質問を行えない場合があります。そんな場合には、話が一段落するのを待ってから質問を行うことになりますが、その際に多少なりとも時間差が生じてしまいます。

そんな場合、ほんのひと言「ちょっと話が戻ってしまいますが」とか、「最初の方で出た話について、もう少しうかがいたいのですが」などの前置きを入れることによって、時間的なギャップを補い、連続性を損なわないようにするわけです。こちらが一人で勝手に飛躍するのでなく、「さあこれから、あの地点に向かってジャンプしますよ」という予告を行って、ともに移動するように配慮するのです。

意図が見える質問

また、質問する際に、なぜそれを質問するのかという聴き手の意図が見えるようにしておくことも、「流れ」を損なわないための重要なポイントです。

質問をされたとき、人はかならずその質問の意図を推測し、それから返答をするものです。しかし、考えてみても明確な意図が見えてこないような場合、質問された人は途方に暮れ、心理的に弱い立場に置かれてしまい、完全に受け身的になるか、逆に警戒心を抱いて心を閉ざすかの、どちらかになってしまいます。これでは「対話」の前提4で述べた「対等な関係」が壊れてしまい、「対話」はいつしか「尋問《じんもん》」の様相を呈するようになってしまいます。

たとえば、身体の不調があって病院に行った人が、診察でランダムな質問をされ、そのまま何の説明もなしに、よくわからない検査を次々にされたと考えてみましょう。

その患者さんは、何か自分には重大な病気の疑いがあるのかもしれないと想像して、不安になるかもしれませんし、不審に思うかもしれません。いずれにせよ、患者さんは心理的に受け身的な状態に追い込まれてしまうことでしょう。

このように、質問する側にいくら明確な意図があったとしても、それが質問される側から見えないような場合には、情報量の不均衡による上下関係が発生してしまうことになるわけです。

ことに「専門家と素人」や「親と子」「上司と部下」など、そもそも上下関係が発生しやすい場においては、この点について、いっそう細やかな配慮をすることが望ましいでしょう。

第12講　話の次元を上げる「対話」

人は「対話」によって、自分だけで考えているときには気づけなかったことに気づかされたり、新たな発見をしたりします。「対話」には、思考の次元を上げていく力が秘められているのです。

しかし、そのような変化が起こる「対話」にするためには、聴き手は相手の話を理解しつつも、相手の思考の次元に引きずられることなく、自由でいなければなりません。そうでなければ、考えを深めていくための「懐疑的《かいぎ》な問い」が生まれてこないからです。

さて、その「懐疑的な問い」とはどういうものなのか、次のような例で考えてみましょう。

例1

A「私は昔から、何をやっても長続きしない性質《たち》なんです」

B――何をやっても、ですか？

A「ええ、習い事も二、三年しか続いたことがないし、仕事も一年以上続いたためしがありません」

B――その習い事や仕事は、自分が好きで始めたものでしたか？

A「いえ、習い事は親に強制されてよくわからず始めたものばかりでした。仕事も、大学を出たら働くのがあたり前だし、特にやりたい仕事も浮かばなかったので、適当に事務系の求人から探して、たまたま受かったので、という感じです」

B――それでは、遊びでも趣味でもいいので、自分が好きでやったことはありませんでしたか？

A「そうですね……物語を書いたり、それに関連した絵やイラストを描いたりすることは、小学生のころからやっています」

B――それは続いているわけですね？

A「ああ、そういえばずいぶん続いていますね。そうか、続くかどうかは、自分が好きでやっているかどうかにかかわっているんですね」

このやり取りを行う前は、Aさんは自分自身を「何をやっても長続きしない性質」と捉えていましたし、そういうレッテルを自分に貼っていたのです。それが、このやり取りによって「自分が好きでもなくやることは長続きしないし、好きでやることは長続きする」という認識に変化したわけです。これによってAさんは、それまで自分をしばっていたレッテルが一つ剝《は》がれて、自由度が上がったのです。

さて、この変化は、なぜ起こったのでしょう?

変化のきっかけになったのは、Bさんの「その習い事や仕事は、自分が好きで始めたものでしたか?」という問いかけでした。これは、「長続きしない」という時間の長さについての発言、すなわち時間の「量」についての発言に対して、「それが好きかどうか」という「質」の視点を投入したものです。

これによってAさんは、「何をやっても」の中に「好き」でやっていた趣味を入れて考えていなかったことに気づきます。そして、「長続きしなかった」のは「好きでもなく」やったことばかりであったことが明らかになったのです。

今度は、別の例で考えてみましょう。

例2

A「子どもの気持ちをなるべく尊重したいと思うんですが、無闇《むやみ》に叱ったりしない方がいいんでしょうか？」

B――そうですね。それは良くありませんね。

このやり取りでは、「無闇に叱るのは良くないのか？」という問いかけに対して、「良くない」というBさんの意見をただ返したものになってしまっています。

Aさんからしてみれば、この発言を聞いても「Bさんがそれを良くないと思っている」ことしかわかりません。もしAさんがその意見を鵜呑《うの》みにするとしても、「無闇に叱るのは良くない」という考えは、あくまでBさんからの借り物にすぎず、Aさん自身は、なぜそれが「良くない」のか、相変わらずわからないままです。

つまり、理由のよくわからないマニュアルを一つ新たに取り込んだだけで、Aさん自身の認識は、このやり取りで実質的には変化していないのです。これは、とても「対話」と呼べる内容ではありません。

それでは、これを「対話」になるように変えてみましょう。

例3

A「子どもの気持ちをなるべく尊重したいと思うんですが、無闇に叱ったりしない方がいいんでしょうか？」

B――無闇に、ですか？

A「ええ、私はイライラしていると、やたらに叱ってしまうんです」

B――そういうときは、「叱る」というよりは「怒る」に近い感じですか？

A「そうですね、『怒ってる』と言った方がピッタリきますね」

B――イライラしていないときはどうですか？

A「そういうときは私も感情的にならないで、けっこう落ち着いて諭《さと》すことができます。ああ、そういうときの方が『叱る』という感じに近いかもしれませんね。そうか……自分が感情的になって『怒る』のはまずいけれど、冷静に『叱る』のだったら、案外悪くないのかもしれませんね」

　このやり取りによって、明らかにAさんの認識が変化を遂げたのがわかると思います。変化の鍵は、Bさんが「叱る」という言葉に「怒る」を対置させたところです。これにより、Aさんが「叱る」という言葉で大きくくっていたものを、「質」的に二種類に区別できるようになったのです。

話の次元が上がると自由になる

　先ほどの例1や例3では、Aさんの認識がBさんとの「対話」によって変化を起こしましたが、例2ではそれが起こっていません。

　これを、話の次元という観点から点検してみましょう。

　例2では、「叱るのは良いことか悪いことか？」というAさんの問いかけに対して、Bさんは「悪い」と返したという構造になっています。Aさんの問いかけは、『叱る』は○か×のどちらかだろう」という前提から発せられたものでしたが、それに対してのBさんの返答は、Aさんが前提にしていた次元に留《とど》まった「×です」というものでした。つまり、このやり取りでは話の次元が変化していないのです。

　ところが例3では、Bさんの発言によって、Aさんの『叱る』は○か×のどちらかだろう」という前提がまずは棚上げされ、「自分が『叱る』と言っていたものは、『叱る』と『怒る』とに分類されるようだ」という新たな認識が生まれ、そして「『怒る』は×だが、『叱る』ならば○のようだ」という認識にたどり着いたわけです。つまり、初めに前提にしていた認識の次元から大きく変化したのです。

このような変化を、「話の次元が上がった」変化と呼ぶことにしましょう。

話の次元を上げるためには、相手の話の次元の中にこちらが呑み込まれてしまわずに、そこで見落とされている新たな視点を導入することが必要です。例1では、「量」的な視点の話に対して「質」的な区別を導入していますし、例3では「叱る」という言葉で示されているものを「叱る／怒る」と「質」的に二分し、言葉の定義づけ自体を変えたのです。

話の次元が上がるということは、認識が増えることだと言い換えることもできるでしょう。認識が増えるとは、自分自身で判断が利く対象が拡がること、柔軟に応用が利くようになること、つまり、自由になることなのです。

しかし、話の次元が上がらないやり取りを行ってしまうと、例2のように、「Bさんは×だと言った」という情報が増えたにすぎず、またそれを鵜呑みにすれば、自分をしばるマニュアルが増える方向にいってしまうのです。これでは、以前よりも不自由になってしまったことになります。

「対話」は、人の認識を増やしつつマニュアルを減らしてくれるので、人を自由にしてくれます。マニュアル的な知識が氾濫《はんらん》している現代だからこそ、話の次元が上がっていくような「対話」には、人を知識から認識へと導き、自分で考え、判断できる自由を生みだしてくれる大きな意義があると言えるでしょう。

第13講　内容がさまざまでも、語られるテーマは一つ

ふだん私は、五〇分間の精神療法のセッションを行っていますが、その五〇分間の中では実にさまざまな話題がクライアントから語られます。その内容は、一見、何の関係もないバラバラな話が羅列《られつ》されているように見えることもありますが、実は決して何の脈絡もないわけではありません。

語られる話の内容をただ「聴く」だけでは、そこに秘められた脈絡を見通すことはできません。つまり、それではまだ半分しか聴けていない状態なのです。

それでは、いったいどのような聴き方が必要なのでしょうか。

メタ次元で「聴く」ということ

人は、複数の無関係なテーマを同時に抱えることはできません。ですから、ある人があるときに語る内容は、表面上いろいろな話題がちりばめられていたとしても、その根源にあるテーマは一つなのです。

人の話を「聴く」ということは、個々の話題を理解するだけでなく、それらのさまざまな話題の根底に一貫して流れているテーマをも「聴く」ことなのです。それには、個々の話を「聴く」ときに、その話の具体性に焦点を合わせつつも、同時に、その話の基本構造にも注意を向けた、抽象度を上げた「聴き方」が求められます。

この、抽象度を上げた「聴き方」を、メタ次元で「聴く」と言います。

たとえば、「職場の部下が、いちいち自分のところに指示を仰ぎにくるのがうっとうしい」という話と、「年老いた親が、だんだん自分に甘えるようになってきて、面倒を見るのが苦痛になった」という話は、メタ次元では同じ内容だと言えます。つまりどちらの話においても、「人に依存されることの煩《わずら》わしさ」というテーマが語られているのです。

この例では「人」が「部下」であったり「親」であったり、「依存」の内容が「指示を仰ぎにくること」や「甘えること」であったりするという表面上の違いはありますが、話の基本構造としてはまったく同じなのです。

さて、この二つの話に加えてさらに「自分の仕事のやり方を上司に批判されたのがストレスだった」「昔から自分のペースで物事をやらないと気がすまない性質だった」という話も語られたとしたらどうでしょうか？

　これら四つの話に通底するテーマを把握するためには、さらにもう一段上のメタ次元で「聴く」必要が生じてきます。

はじめの二つの話から「人に依存されることの煩わしさ」というテーマが抽出《ちゅうしゅつ》されましたが、そこに「自分のやり方」「自分のペース」についての話題が加わることによって、この人が「人に依存されることが煩わしい」と感じた理由が見えてきます。それは、「自分のやり方やペースを、他人に干渉されたり邪魔されたりしたくない」ためだったわけです。つまり、それがこの四つの話に通底するメタ次元のテーマだったのです。

　このように話題が多くなればなるほど、それらに共通するテーマを「聴く」ために、メタ次元をどんどん上げていかなければなりません。これは、かなり熟練した人でもなかなか難しい作業ではあります。しかしながら、どんな人でもこのメタ次元で「聴く」というイメージを持っているだけで、話の聴き方が少しずつ変わりはじめ、話の表面だけに捉われない、より深い聴き方ができるようになっていくことでしょう。

即興性を重視する

「対話」は、生き物である人間同士が行うものですから、「生きた」やり取りが行われることが必要です。「生きた」やり取りとは、即興《そっきょう》性を重視するやり取りのことです。

あらかじめ準備された質問などはこの即興性がないので、「流れ」に対しては異物になってしまいますし、相手から得られる答えも「死んだ」情報に留まってしまいます。

診療やカウンセリングの初回の面接で、あらかじめ用意していた項目を順序立てて質問する方法が採られることがありますが、この方法では、情報の漏《も》れをなくすことはできても、「生きた」情報が得られません。それよりは、クライアントに話したいことから自由に話してもらい、その「流れ」に沿って聴いていく方が、はるかに「生きた」手がかりが得られるのです。

自由に語ってもらうことで、どんな話がどんな順番で、どのような割合で語られるのか、何が繰り返し語られるのか、前置きや言い訳がどの程度付随するのか、声のトーンはどうか、話のスピードはどうか、などを観察することができます。すると、その人が何をどのような優先順位で伝えたいと願っているのか、どこに感情的なアクセントがついているのか、何が語りにくいのか、語られていないことは何かなど、その人の語りのメタ次元までも聴くことが可能になるのです。

その日の「第一印象」に着目する

私たち人間には、言葉によってだけでなく、直観的に相手の雰囲気やしぐさなどからさまざまな印象を受け取る力があります。

特に、話し手から受けるその日の「第一印象」には、とても大切な情報が凝縮されています。「第一印象」とは、いわばその日の話の総目次なので、これを念頭に置きながら「対話」を進めていくことで、話の表面にだけ捉われてしまわない聴き方が可能になります。メタ次元で話を「聴く」上でも、これはその日のテーマがどんなものであるかを示唆してくれる、貴重な手がかりになるのです。

ただし、この「第一印象」そのものは、まだ漠然《ばくぜん》としたイメージにすぎません。しかし、「流れ」を尊重して話を聴いていくうちに、徐々にその内容が明らかになってきます。そして最終的には、総目次の内容が、すべて言葉で充塡《じゅうてん》される瞬間が訪れるのです。

しかし逆に言えば、「対話」が終わっても「第一印象」に見合った内容が語られていないと感じられる場合には、うまく「聴く」ことができなかった可能性が高いと考えられます。つまり、その「対話」が十分に深まらず、表面的に終わってしまったのではないかということです。

「聴く」ことができると相手の雰囲気が変わる

「対話」において、その日のテーマを「聴く」ことに成功すると、相手の雰囲気は一気に和らいだものに変わります。当初「第一印象」として表れていた何かが、うまく言葉に汲み上げられたことによって整理され、それが聴き手に理解されたことによって、なんらかのわだかまりが解けて、その人が醸《かも》し出す雰囲気自体が変化するのです。

これはなにも精神療法といった特別な「対話」についてだけ言えることではありません。良質な「対話」が行われた場合には、かならずや双方とも、その前後で雰囲気が軽やかなものに変わっているものなのです。

第14講　「頭」由来の言葉、「心」由来の言葉

人の話を聴いていて、その話がこちらの心に響《ひび》いてくるときと、頭では理解できるけれども、もう一つ響いてこない感じのときがあります。

この両者は、いったい何が違うのでしょう？

この問題を考える上で、まず前提として、人間の仕組みについて理解しておく必要があります。そうは言っても、難しい医学的な知識を要するということではありません。

私たちが日常的に使っている「頭」「心」「身体」という概念だけでも、人間の基本的なからくりについて十分に深く理解することができますから、これを簡単に説明しておきましょう。

人間の仕組み

まずは、次の図をご覧ください。

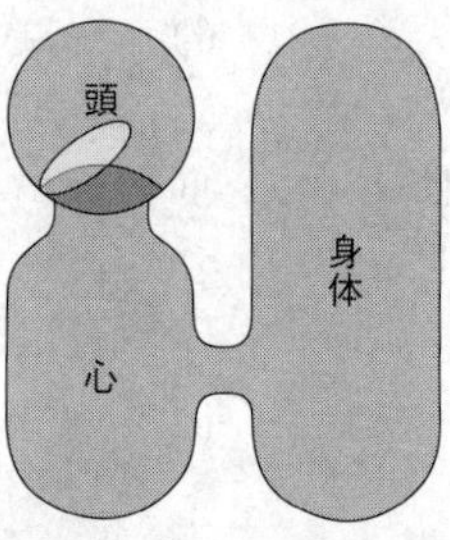

頭…理性の場
心…感情、欲求、感覚（直観）の場

「頭」と「心」と「身体」

「心」と「身体」はつながっていますが、「頭」と「心」の間に蓋《ふた》のようなものがあります。この蓋は「頭」によってしばしば閉じられることがあって、閉じた状態では「頭」と「心」＝「身体」が分断されてしまい、自分の内部が二つに分裂し、対立してしまいます。

自然界の一般的な動物は、この図の「頭」がない状態に相当するものと考えられます。つまり、「心」＝「身体」だけですから、基本的に自分の内部で矛盾や葛藤《かっとう》が生じない構造になっているのです。

しかし、人間は進化の過程で「効率化」を図るための「頭」が特別に発達しました。

「効率化」とは、端的に言えば「二匹目のドジョウ」を狙うような、一度うまくいったことをもう一度成功させようとする欲望のことであり、もう一度うまくいく確率を上げるために、「頭」という特殊な情報処理部門が登場したわけです。「頭」はコンピューター的に情報処理を行って、過去の情報を蓄積したり、外から採り入れた知識を保持したりして、それにもとづいた計算を行います。そうやって「過去」を分析したり、「未来」を予測したりするわけです。また「頭」は、合理的思考を得意とし、因果律を重視します。そのため、なんにつけても理由をくっつけてくるという性質もあります。

「頭」の用いる言語は、「〜すべき」「〜してはならない」といった、mustやshouldの系列の言い方になっているのが特徴です。また、そもそも「二匹目のドジョウ」を狙って登場したのが「頭」ですから、元来、事象を思い通りにコントロールしようとする傾向を強く持っているのです。

一方の「心」は、「身体」と分かち難くつながっており、感覚や感情、欲求の生みだされる場です。

「心」は、「〜したい」「〜したくない」「好き」「嫌い」といった物言いをします。しかし「頭」とは違って、「心」はそれに理由をくっつけてきません。また、「頭」のような「あとで得になるように」といった打算的な計算をしたり、過去について「以前こうだったから今度はこうしよう」といった分析も行ったりしません。過去や未来ではなく、常に「いま・ここ」の現在に焦点をあてて、即興的に物事を判断します。しかし、それは気まぐれで刹那《せつな》的に見えても、決してデタラメなのではありません。「心」は大自然由来の「身体」と協働して、「頭」には解析不能なほどの高度な判断を行っているのです。それが、あまりに「頭」の合理的思考を超越しているために、「頭」には理解できず、それを「デタラメで気まぐれだ」と過小評価してしまうことがあるのです。しかし、これはいわば、天気予報が実際の天気を「デタラメで気まぐれだ」と評価するような、本末転倒なのです。

「頭」由来の言葉

「頭」と「心」は、このようにかなり性質の異なる特徴があるため、ある言葉がどちらから発せられたものなのかを見分けることは、それほど難しいことではありません。

つまり「頭」由来の言葉は、「〜すべき」「〜してはならない」などの言い方になっていたり、比較の観点が入っていたり、過去や未来に焦点が合っていたりするという特徴があります。また、「〜だから…」といった形で表現できるような合理的理由をともなっていることが多いのも、重要なポイントです。

また、外から仕入れた知識を用いて考えたり判断したりしたものも、明らかに「頭」由来の言葉だと言えます。往々にして、それを本人が消化できないまま金科玉《きんかぎょく》条《じょう》のように用いていることも多く、その場合には「本人のものになっていない」異物感が感じ取れます。

しかし、少々紛らわしいのは、「頭」が「心」の言葉のように偽装をして発言してきた場合です。

言葉の上では「〜したい」「〜したくない」といった言い方になっていても、これがあるポリシー（信条）や過去の体験が影響していたり、しつけや学習の成果であったり、また実のところ将来を見越して計算で導きだしたものであったりする場合には、「頭」由来の言葉と見なすべきです。そういう偽装されたものの場合には、本当の「心」由来の言葉と違って、「身体」との間にどこかチグハグな感じがあるものです。

「心」由来の言葉

一方、「心」由来の言葉は、現在に焦点が合っていて即興的で、合理的な理由づけをともないません。ですから、いきなり結論をだしてくる物言いをします。そしてたとえ理由を述べたとしても、それはあくまであとづけにすぎないものであって、本人もそれについては自覚的です。

また、「心」は「身体」と一心同体ですから、発言には屈折のないストレートな印象があります。そのため、聴き手は直球をど真ん中に投げ込まれたような、聴いていて「心に響く」感じがするのです。

人は酒に酔ったりすると、「頭」のコントロール機能が弱まり、「頭」と「心」の間の蓋が開きやすくなります。そうなってはじめて「心」由来の言葉をだせるようになる方もいますが、ふだんでも「心」由来の言葉が常にスッとでてくる人は、「頭」と「心」の関係が良好で、蓋がいつも開いている状態なのだと思われます。

どちら由来の言葉なのかを聴き分ける

このように、話し手から発せられる言葉には、「頭」由来の言葉と「心」由来の言葉という異なった二種類のものがあります。話し手自身にはその区別がついていないことも多いのですが、聴き手がこれを聴き分けることができれば、「対話」がよりスムーズになり、深まっていきやすくなります。

話し手が「頭」と「心」の葛藤や、「頭」による「心」の抑圧といった問題を抱えていることは珍しくないことですが、そういう場合には、基本的に「頭」による考えが厳《いか》めしく前面にでてきているものです。

そのような「頭」由来の言葉を投げかけられたときに、聴き手がそれを話し手の本心として受け取って応対してしまうと、相手の「頭」の考えに賛同するだけになってしまって、その人の「心」はさらに窮屈《きゅうくつ》な状態に追いやられてしまうことになります。

このようなやり取りを行ってしまうと、話し手は自分の意見に賛同してもらったにもかかわらず、「自分の気持ちを汲んでもらえなかった」という不満足な感想を抱くことになります。よく、パートナーの愚痴《ぐち》をこぼしている人の話を聴いて、それに同調して悪口を言うと、「そんなにひどい人じゃないわ！」と反発されてビックリすることがありますが、これは相手の「頭」由来の話にだけ同調してしまった失敗例です。

ですから、「頭」由来の言葉を聴いたときには、聴き手としては、さて「心」の方はどうなのだろうかということを気に留めておく必要があるわけです。そしてたいていの場合には、「頭」の考えを聴きつつも、それがその人のすべてと受け取るのでなく、留保しておくような扱い方が望ましいのです。

一方、「心」由来の言葉に対しては、ためらうことなく共感的な反応を返しても、まず問題はありません。むしろ、もっともまずいのは、「心」由来の言葉に聴き手が「頭」で反応してしまうことです。このような場合にも、話し手は「受けとめてもらえなかった」という失望を感じてしまいます。

「共感的に聴くこと」の大切さはよく言われていることですが、共感とは相手の「頭」にこちらの「頭」が賛同することではなく、相手の「心」に聴き手の「心」が共鳴することを指すものです。ですから、「共感的に聴く」とは、単に相手の話に同調することなのではなく、その人の「心」がその状況をどう感じているのかということに対して、こちらの「心」がチューニングを合わせることなのです。

「心」と対話すると「身体」も反応する

「心」と「身体」は一心同体につながって連動していますから、「心」に起こった変化はそのまま「身体」にも表れてきます。そのため、互いの「心」と「心」が共感した場合には、双方の「身体」レベルでの変化が起こります。

雰囲気が和らいだり、表情が柔和《にゅうわ》なものになったり、元気になって空腹を感じたり、お腹が鳴りだすことさえあります。特に深く共感が起こった場合には、決して悲しいわけでなくとも、不思議と涙があふれてくるようなことが起こります。

これは、「頭」と「心」の間の蓋が閉まっている状態のときに、「心」に共感的なメッセージが送られてくると、奥深く幽閉《ゆうへい》されていた「心」（＝「身体」）は、やっと自分の居場所を見つけてもらえ、援軍が助けにきてくれたような安堵《あんど》の気持ちから、涙を流すのだと考えられます。ちょうど、迷子になった子どもがようやく親に対面できた瞬間に、ワーッと泣きだすような感じなのです。

第15講　言葉に込めているものは、人それぞれ

外国語を学ぶと、単語一つひとつの意味の広がりや概念の切り取り方が、日本語とは随分違うものであることがわかります。そのため、ある言語を日本語に翻訳《ほんやく》する場合には、決して簡単な一対一対応で済ませることはできません。前後の文脈などから総合的にアプローチしなければ、ある単語をどう訳すべきかわからないことも少なくありません。

では、日本語同士でやり取りをする場合には、そういう問題は起こらないと言えるのでしょうか？　同じ言語を使っているのだから、誤解なく通じるのがあたり前、と私たちは考えてしまいがちですが、事はそう単純ではありません。

「対話」において、相手の複雑な考えや細やかな心情を理解するためには、話し手がある言葉に込めている内容が、聴き手が思っている内容と同じとはかぎらないということを、知っておく必要があります。つまり、異言語間でやり取りする場合と本質的には変わらないくらいの慎重な構えが、同じ言語内でのやり取りにおいても、やはり

必要とされるのです。

言葉の二つの側面

言葉には、パブリック（公的）な側面とプライベート（私的）な側面があると考えられます。

言葉を一〇円玉にたとえてみれば、それが古くて錆《さ》びているものであれ、ピカピカのものであれ、通貨としてはまったく同じ価値を持つものとしてやり取りされます。言葉においても、このように通貨的に流通する最大公約数的性質を、パブリックな側面と呼ぶことにしましょう。

また一方、一個一個の一〇円玉をしげしげと眺めてみますと、製造年も違えば、傷のつきぐあいや汚れや錆びの程度もさまざまであることがわかります。言葉においても、同様にその人が独自に込めている意味合いやイメージがあるもので、そのような言葉の性質を、プライベートな側面と呼ぶことにしましょう。

同じ言語で言葉が通じるというのは、まずはパブリックな側面での通じ方にすぎないものであって、そこではまだ、話し手が個別に込めている言葉のプライベートな側面までは伝わっていません。ですから通常は、最大公約数的な通じ方が、とりあえずの限界になっているのです。

しかし、微妙な感性や感情を言葉で表現する場合には、そのような通貨的な言葉の機能だけでは、きめが粗すぎて不十分です。そこでどうしても人は、プライベートな言葉の側面を用いなければならなくなるのですが、しかしそんな言葉をただ投げかけてみても、相手に微妙なニュアンスまで理解してもらうことはできません。そこが言葉によるコミュニケーションの難しいところです。

プライベートな言語を聞きっ放しにしない

ところが、話し手自身がプライベートな言語を用いていることに無自覚なまま、話していることも珍しくありません。ぼんやり流して聞いてしまうと、何気なく話はすぎていってしまいますが、ていねいに理解して聴こうとする場合には、この聞き方では不十分です。

聴いていて相手の話に飛躍を感じたり、その言葉の指し示しているものがいま一つわからなかったり、その言葉に話し手の歴史ある想いが込められていそうだと感じたときには、その部分を問い返してみることが大切です。

問い返すことによって、それがプライベートな言葉であることを話し手に知らしめることができますし、その言葉に個人的に込められた歴史やニュアンスを詳細に語ってもらうことによって、話し手自身にはあたり前になってしまっている部分を、開示してもらうこともできるのです。

この作業は、相手の話を理解するということを超えて、相手の心の歴史や感情の微妙な傾向、感性の特徴、思考のパターンまでも理解することにつながる、大きな意味を持っています。

前にも述べましたが、よく「聴く」とは、ただ黙って受け身的に聞いていることではありません。わからない言葉を問い返さない聞き方は、最大公約数的な理解以上の理解をするつもりのない、関心の薄い聞き方です。これをただ聞きっ放しにして「壁のよう」になっているカウンセラーなどは、「聴く」ということを本当には理解できていないわけです。

よく「聴く」とは、ありありと相手の心情や細かなニュアンスまでも理解しようとすることであり、プライベートな言語が用いられたのであれば、これを問い返しながらていねいに進めていく、積極的で根気のいる作業なのです。

抽象的な表現をそのままにしない

プライベートな言語の場合でなくとも、抽象的・概念的な言葉が用いられた場合は、そのまま漫然《まんぜん》と聞いてしまうと、緻密《ちみつ》な理解ができないまま、話が表面的に流れ去ってしまいます。

これも、プライベートな言語の場合と同様に、「たとえば、具体的にはどんなことでそう感じたのですか?」などの問い返しを行って、その内容を充塡してもらうことが必要になります。

そもそも抽象的・概念的な言葉は、かなり内容の拡がりを持っているものですから、話し手のイメージしている内容と聴き手のイメージをていねいに擦《す》り合わせるために、どうしてもその具体的な中身を聴く必要があります。話し手が抽象的な言葉で語る場合、それはかならず本人の具体的な経験を抽出・圧縮したものであるはずですから、それをもとの具体例に展開してもらうわけです。

実際にこの問い返しを行ってみますと、聴き手が想像していた内容とは随分かけ離れた内容が語られることが多く、人間がいかに異なった「経験」を生きているのか、言葉に込めているものがいかに違うものなのかを思い知らされます。もし、そこで問い返さずにわかったつもりになって話を進めていたとしたら、きっと、とても薄っぺらな理解に留まってしまっていただろうと思うことがよくあるのです。「対話」とは、このように「他者」についての驚きに満ちています。また、それだからこそ、豊かな「経験」を私たちに与えてくれるのです。

第16講　能のワキのように「聴く」

「対話」によって、人は安堵したり、勇気づけられたり、気持ちが軽くなったりします。

「対話」のもっとも重要な部分は、話すことよりも、むしろ「聴く」ところにあります。「対話」が人の気持ちを変えることができるのは、この「聴く」という行為が持つ不思議な力によっているのではないかと考えられるのです。

それにしても、なぜ「聴いてもらう」ことで、人の気持ちは変わるのでしょうか。

そこで、日本の代表的な古典芸能の能の中に、その手掛かりを求めてみたいと思います。

ひたすら「聴く」

能においては、主役はシテ、脇役はワキと呼ばれます。

このワキは、たいがい旅の僧という設定になっていて、複式夢幻能《ふくしきむげんのう》と呼ばれる典型的な筋立てのものでは、旅の僧（ワキ）があるところを通りがかったときに、そこに浮かばれずにいる霊（シテ）が何者かに化けて現れ出てくることになります。そして僧（ワキ）の前で、その霊（シテ）はひとしきり、はたせなかった昔の情念を吐露しながら、謡《うた》い、舞います。

これを僧はじっと座って、ひたすらに聴き入り、最後に供養をします。そして霊は、浮かばれなかった過去の執念から解き放たれ、穏やかに成仏していくのです。

「聴く」という行為には、まさにこのワキの僧が行ったような、話し手の浮かばれなかった過去の思いを成仏させる働きがあるのではないかと、私は考えています。

人間は、程度の差はあれ、過去に呪縛《じゅばく》されて生きているものです。

では、いったい過去の何に束縛されているのか。それは、決して過去の出来事そのものにではなく、その出来事にまつわる処理されなかった思いが、いわば未浄化霊のように自身の内部にあって、それがその人を呪縛し続けているわけです。

しかし、きちんと成仏できた思いは、たとえその出来事が陰惨《いんさん》なものであったとしても、あとあとまでその人を呪縛することはありません。それは、「経験」となってその人の血肉と化し、分かち難くその人の存在の一部を構成するようになるのです。

演目は「定家」。中央のシテは式子内親王《しょくしないしんのう》の霊。藤原定家《ふじわらのていか》と契《ちぎ》りを結んだが、式子内親王がほどなく亡くなったことで、定家の執心が蔦葛《つたかずら》となって内親王の墓に生えまとっている。シテは、その妄執《もうしゅう》から解放してほしいと、右手前のワキの僧に嘆いている

写真提供：公益社団法人　銕仙会（撮影：東條睦子）
曲名　能「定家」　シテ　観世銕之丞

シテの嘆きを坐して聴くワキ

「聴く」という行為は、未消化で未浄化な情念をともなっている過去の「体験」を、ワキの僧のごとくに供養し、「経験」に浄化する力を持っているのです（「体験」と「経験」の違いは第3講参照のこと）。

アドバイスより共有

聴き手は、ときに、話し手から深刻な悩みや思いを吐露されることもあるでしょう。そこで、「何か役立つアドバイスを言ってあげなければ」「解決策を示さなければ」と考えてしまう人が多いのですが、これは性急な対応です。

多くの場合、アドバイスや意見は、早すぎるタイミングでなされています。早すぎるということは、聴き切っていないうちになされてしまっているということです。

第８講でも言及したことですが、これは遮断の一種だと言えるでしょう。このような対応がなされる背景には、話の内容や情念の重みに耐えかねた聴き手の、早く解決策を提示して、ケリをつけてしまいたいという心理があるのです。

往々にして、カウンセラーやアドバイザー、教師や親、先輩、上司など、相談を受ける立場にある人が、この種の「アドバイスに見える遮断」を行ってしまいがちです。それは、一方的なモノローグの押しつけになってしまい、「対話」から逸脱してしまいます。

しかしこれでは、供養は行われません。

「聴く」ということは、聴いた話を処理しようと急ぐのでなく、まずはそれを共有することに意味があるのです。ワキの僧がひたすらに聴き入る姿には、シテの霊の悔恨《かいこん》の情念・怨念《おんねん》に口を差しはさんだり判断を加えたりするのではなく、ただそれを理解し共有しようとする、聴き手としての理想的な在り方があると言えるでしょう。

「聴く」という「魂鎮め」

能の多くは、浮かばれなかった霊の「魂鎮《たましず》め」の物語です。

しかしそれは、ワキの僧が説法を用いて説得し屈服させるような、「折伏《しゃくぶく》」によってなされるわけではありません。

また、シテの派手な存在感に比して、ワキはいるかいないかわからないほど存在感を消した状態で、まさに脇《わき》に、じっと佇《たたず》んでいます。浮かばれなかったものが浮かばれていく変化は、ワキによってなされたようには見えません。むしろシテの霊自身が、怨念を吐露し、自ら勝手に浄化されていったように見えます。

ならば、ワキは不必要だったのでしょうか？

ある種の化学反応において、「触媒《しょくばい》」がなければ反応自体が進行しないということがありますが、ワキの存在は、ちょうどその「触媒」に相当するのではないかと考えられます。

「触媒」とは、その化学反応に介在して、それ自体は増えも減りもしないけれども、しかしなくてはならないという不思議な存在です。つまり「触媒」は、その反応が起こるために欠かせない「場」を提供しているのです。

これと同様に聴き手の存在とは、話し手が語る「場」を提供し、「触媒」として話し手のカタルシス（浄化）を媒介しているのです。つまり「触媒」である聴き手は、ひたすらに聴き入る存在としてそこに居ることで、話し手が安心して心情を吐露できる「場」を醸成《じょうせい》しているのです。

ですから、「何かをなさなければならない」「何かアドバイスしなければならない」と余分な力を込めることは、「触媒」としては出過ぎたことになってしまうのです。

現代に生活していると、何か目に見えることを「する」ことにばかり目を奪われてしまいがちですが、ひたすらに「聴く」「居る」「在る」ということの方が、本質的には力を秘めているものだということ。それを、能の物語は私たちに教えてくれているのではないかと思われるのです。

第17講　北風方式よりも太陽方式

イソップ物語に『北風と太陽』という有名な話があります。

草原を歩く旅人を見て、北風と太陽は、どちらが先に彼のマントを脱がせることができるか競争します。北風は旅人のマントを吹き飛ばそうと、強い北風を吹きつけます。しかし、旅人はとても寒くなったので、かえってマントを強く身にまとってしまいます。次に太陽は、ポカポカと彼を照らします。照らされて暑くなった旅人は、あっさりとマントを脱ぎすてたのでした。

こんなあらすじでしたが、このストーリーには、「いかにして人の心は開かれるのか」というテーマを考える上での重要なヒントが込められています。

なぜ旅人はマントをまとっているのか

この話では、旅人のマントを脱がせることを目的に競争が行われますが、ここで考えておかなければならないのは、そもそも、なぜ旅人がマントをまとっているのかと

北風と太陽

いうことです。

あたり前のことですが、旅人は寒いのでマントをまとっているわけです。つまり、「暖かさ」が足りないのです。

しかし、北風はマントを脱がせることを急ぐあまり、旅人がもっとも望んでいない「寒さ」を吹きつけてしまったのでした。一方の太陽は、まさに旅人が欲していた「暖かさ」を届けたので、いとも簡単にマントを脱がせることができたのです。

人間の心の問題に、この話を照らし合わせて考えてみましょう。

旅人のマントは、心理学において「防衛」と言われているものに相当します。この「防衛」は、「寒さ」すなわち「暖かさ」の不足から、文字通り自分を防衛しているわけです。

しかし、北風のように、力ずくでこの「防衛」を取り除くことを急いでしまうと、結果は裏目にでてしまいます。やはり、太陽のごとく、その人に不足しているものを与えるのでなければ、「防衛」が真に取り除かれることはないのです。

いかにして人の心は開かれるのか

心を閉ざした状態の人との「対話」においては、性急に心を開いてもらおうとすると、北風と同じ失敗を招いてしまいます。

その人が根強い人間不信を抱いていたり、こんな話をして理解されるだろうかと危《き》惧《ぐ》していたりする場合には、心はかたく閉ざされています。過去に誰かに力ずくで否定されたり、捻《ね》じ曲げられたりした苦い記憶のある人は、「他者」に対しての怖さや警戒心が強くすり込まれていて、自分を開くことができなくなっています。そういう状態の人に、「心を開きましょう」「どうぞ安心して何でも話してみてください」と直接的に迫ってみたところで、決してその警戒心が解かれることはありません。

さて、このような場合、「太陽方式」でのアプローチはいかにして可能でしょうか。

まずは、その人の抱える「寒さ」について、思いを向けてみなければなりません。心を閉ざしている人の抱える「寒さ」とは、他者への不信です。ですから届けるべき「暖かさ」とは、当然、信頼ということになるでしょう。特にこのような場合において必要とされる信頼とは、こちらが「侵害的な他者」ではないということを知ってもらい、この人との関係においては何を話しても大丈夫であると安心してもらうことです。

それには、第7講や第10講で述べたような、「理解」と「同意」を分けて「聴く」態度が大切な基本姿勢になります。もちろん、これまで「対話」について述べてきたさまざまなポイントは、どれも「他者」を侵害しないために欠かせないものです。それらを大切にするだけでも、十分に侵害的でない「聴き方」ができるだろうと思います。

ここでさらにつけ加えることがあるとすれば、それは、「待つ」ということです。

「待つ」ということ

目標を設定し、それに向かって一直線に合理的に物事を進めるという思考法が、私たち現代人には強くすり込まれています。目的に向かって最短の時間と労力で、むだを極力少なくして、というアプローチが好まれるわけですが、これぞまさに、効率化を目指す部位である「頭」の特性が生みだした考え方だと言えるでしょう（第14講参照）。

「待つ」こととは、こういったアプローチの対極にあるものです。

対象をコントロールしないということが、「待つ」ことの本質です。「待つ」とは、対象が主体的に在ることを尊重し、こちらが決してそれを操作しようとしないことです。ですから、話し手が何をいつ語るのかということについて、聴き手が選択したり意図的な方向づけを行ったりせずに、ひたすらに受け取ることが「待つ」聴き方です。

しかし、聴き手が「頭」中心の在り方になっている場合には、このような聴き方がなかなかできません。それは、先ほども述べたように、「頭」というものが、そもそも目的を設定し効率を求めてしまう性質を持っているためです。ですから、「頭」ではなく「心」＝「身体」に中心を置いた状態で聴くことが、「待つ」聴き方を可能にするのです。

とはいえこれは、そのときだけ急に都合よく、聴き手が自分の状態を切り替えられるものでもありません。ふだんから「頭」に中心を置くのでなく、「心」＝「身体」で物事を受け取ったり人の話を聴いたりするポジションを身につけておく必要があるのです。

「あるがまま」という言葉を耳にしたことがあると思いますが、これが、まさに「心」＝「身体」によって物事を受け取る態度を指している言葉です。

ちょうど私たちが、雨が降っているときに、天候をコントロールしようなどとは考えずにただ傘を差すように、物事もそのようにして受け取る。それが「あるがまま」であり、「待つ」ことなのです。

第18講　相手の「経験」を先取りしない

「対話」においては、相手のことを「他者」と見ることが必要であることを第1講で述べましたが、それは、相手の主体性を尊重する態度でもあります。

しかし、私たちは日常会話の中でつい、何の気なしに相手の主体性を侵害してしまっていることがあるものです。

ごく日常的な例で、考えてみましょう。

――お腹空いたけど、どうしようかな……。食べたら太るし、でも食べなかったら気になって眠れないかもしれないし……。

「そんなに悩むくらいなら、食べちゃったらいいじゃない。明日、その分運動でもすればいいんだから」

よくありそうなやり取りです。しかしこの返し方では、相手の主体性を侵害してし

自分で考えることの放棄

答えの自動販売機

まっています。さて、いったいどこが主体性の侵害なのでしょうか？

これは相手の悩み（葛藤）に対して、勝手に解決策を提示してしまっているので、相手が自分自身で悩んだ末に決断を下すという「経験」を、先取りして奪ってしまったことになるのです。その意味において、これは主体性の侵害なのです。

アドバイスが相手を弱くする

第16講で、アドバイスを返すという形で対話を遮断してしまう問題に触れましたが、アドバイスや解決策を返すことは、相手の「自分で考える」「すぐに答えのでない悩みを自分で抱えて持ちこたえる」という「経験」を奪ってしまうことでもあります。

その結果、相手は悩みに直面したときに自分で対処する力が徐々に弱体化し、他人に依存する傾向がつくりだされてしまうのです。その場の応急処置としては、解決策や答えを返してあげた方が簡単で話が早い場合もあると思いますが、しかし、その小さな積み重ねが、のちのち「答えの自動販売機」のように、相手に依存されてしまう結果を生んでしまうこともあるのです。

依存とは、次第に量的に増大していく性質があるので、月に一度の相談が週に一度になり、毎日になり、そして一日に何度も夜中であろうがおかまいなしに、といった感じでエスカレートすることも珍しくありません。

真に相手のためになることとは

「対話」でも、困っている人の相談に乗るような場合には、特に留意しなければならないことがあります。

いま述べたように、相手の「経験」を奪ってしまって、結果として相手が弱くなってしまうような対応は、決して相手のためになっているとは言えません。真に相手のためになるということは、相手がいずれはこちらの力を必要としない状態になるように援助することです。

ここで、相談を受ける側の人間が、誰かに必要とされたり頼りにされたりすることを求めてしまっている場合には、「依存されることを求める」という隠れた欲望が働いているので、相手が自立的な動きをするとさびしく感じたり、場合によってはそれをくじいてしまったりすることがあるのです。

子離れできない親などはまさにこの典型で、「一人暮らしぐらいしてみたらどうなの？」と言いながら、いざ一人暮らしに向けてわが子が動き始めると、「あなたにはとうてい、一人暮らしなんてできないわよ」と逆のことを言ってみたり、「早く結婚でもして独立しなさい」とふだんは口癖のように言っていながらも、いざ結婚したい相手を紹介されると、片っ端からケチをつけて反対したりするのです。

また、医療や福祉、教育など、人に対して直接的な援助をする仕事にたずさわる人は、特にこの問題に敏感でなければなりません。

「人の役に立つ仕事がしたい」「困っている人を助けたい」「人を育てたい」といった動機でこのようなジャンルの仕事に就いた人は、厳しいことを言うようですが、その動機の中に「他者に必要とされたり感謝されたりすることによって、自分の存在意義を確認したい」という自分の欲望が隠れていないかどうか、自らに問いかけてみる必要があるのです。

そのような欲望が潜んでいる状態で人にかかわると、知らず知らずのうちに相手の独立をくじいてしまったり、相手からの感謝を求めてしまったりします。そして、相手が思うように動いてくれない場合には、感情的に叱責《しっせき》したり、自分の考えを強要する説教をしたり、本来の目的とはあべこべに制裁を加えてしまったり、ということにもなりかねないのです。

依存とは

依存という状態について、ここで掘り下げておきたいと思います。

依存という状態の中核にあるメカニズムは、「代理満足」「代償《だいしょう》行為」です。つまり、本当に欲しているものが得られず、代わりにほかのものを求めている状態が依存なのです。「代理満足」では、本当に求めているものと「質」的にはズレているので、その不満足を「量」的に紛らそうとします。ですから、どんどん「量」が増大していく結果になってしまうのです。

人が人に依存する場合にも、この基本的なからくりは同じです。

本当に欲しているものは、自分が自分を愛することであり、自分で自分の悩みに対処できるようになることなのですが、それが自分自身でうまくできないときに、「代理満足」として他人が提供してくれるものに依存することになるのです。

しかし、愛することにしても悩みを解決することにしても、誰かがそれを提供してくれたそのときは安心しても、その安心は常に「この人がいなくなったらどうしよう」という不安とセットになってしまうので、どんどんその提供者にしがみつかざるをえなくなってしまうのです。

このような安心は「質」的に偽物《にせもの》なので、人に頼る行為を「量」的に増大させていかざるをえなくなります。そして、「こんなにしつこく頼ったら、きっとあの人はうんざりしてしまって、私のことを見捨てるかもしれない」と不安はさらに増大し、しがみつきつつ自己嫌悪するという悪循環にはまり込んでしまうのです。

自分よりも弱い状態にある人、困っている状態にある人、幼い人を相手にする場合に、私たちはつい、簡単で即効性がある解決策や答えを与えてしまいがちです。しかし、これが結果的に相手を弱くし、依存という悲惨な状態に誘導してしまう危険もあることを、援助者や指導者はよくわきまえていなければならないのです。

第3章　思考法としての対話

第19講　自分自身との対話

ここまでは、通常「対話」としてイメージされる「他者」との対話について考えてきました。しかし、自分自身との対話ということも、「対話」のもう一つの重要な側面です。

丸山眞男氏の没後に発見されたノートをまとめた『自己内対話』というタイトルの本の中に、こんな一文があります。

> 国際交流よりも国内交流を、国内交流よりも、人格内交流を！　自己自身のなかで対話をもたぬ者がどうしてコミュニケーションによる進歩を信じられるのか。
> （丸山眞男『自己内対話』より）

この丸山氏の力強い一文にもあるように、コミュニケーションというものの基礎には、まずは自分自身との対話が据《す》えられていなければなりません。「対話」ができない人は、自分自身との対話のところでつまずいているのだともいえるでしょう。

では、自分自身との対話とは、どういうことを指しているのでしょうか？

自分の中に「他者」がいる

第1講で**前提1**として、「対話」は相手を「他者」と見ることから始まると述べましたが、これは自分自身との対話にもそのままあてはまります。つまり、自分自身の中に「他者」を見ることができなければ、自分自身との「対話」はできないということです。

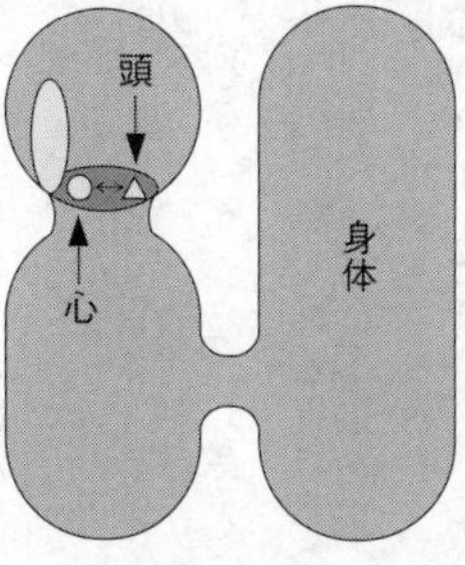

葛藤の状態

「自分は自分であって、そこに他者なんかいるわけないじゃないか」と思う方もあるかもしれませんが、人間に「葛藤《かっとう》」ということが起こるのは、自分の中に「他者」がいるからにほかなりません。

「葛藤」とは、上の図のように「頭」由来の考えと「心」由来の気持ちが対立した状態のことです。

そもそも、「自分」という概念自体が「頭」の理性によって生みだされたものであって、大自然の原理を体現している「心」＝「身体」の側は、「自分」などという観念を持ってはいません。ニーチェはこのことを「それは『我』を唱えはしない。『我』を行なうのである」と述べています。

そういうことから考えてみますと、自分自身との対話とは、「頭」と「心」＝「身体」の対話であるということができるでしょう。

知られない賢者

わたしの兄弟よ、君の思想と感受の背後に、一個の強力な支配者、知られない賢者がいるのだ、――その名が「本来のおのれ」である。君の肉体のなかに、かれが住んでいる。君の肉体がかれである。

君の肉体のなかには、君の最善の知恵のなかにあるよりも、より多くの理性がある。

（ニーチェ『ツァラトゥストラ』「第一部　肉体の軽侮者」より　手塚富雄訳　中公文庫）

　ニーチェがここで「知られない賢者」「肉体」と呼んでいるものは、私が「心」＝「身体」と呼んできた部分に相当します。現代の価値観をすり込まれている私たちは、ともすると「頭」の理性ばかり尊重して、この「知られない賢者」のことを忘れてしまっている。しかし、「本来のおのれ」とは「心」＝「身体」の方にあるのだ、とニーチェは語っているのです。

　「対話」において、相手を「他者」と見て畏敬の念を持つことが重要な前提だと述べてきましたが、これは、自分自身との対話においても同じことです。

　自分自身との対話において、「頭」はともすると「心」＝「身体」を原始的で劣ったものとして侮蔑《ぶべつ》した見方をしがちなのですが、それでは両者の「対話」は成立しません。ニーチェも言っているように、実のところ「頭」の理性よりもはるかに優《すぐ》れた理性が「心」＝「身体」には備わっているのです。「頭」が思い上がりを捨てて、「知られない賢者」である「心」＝「身体」を畏敬の念を持って見ること。それが自分自身との対話の出発点なのです。

第14講でも述べたように、「頭」と「心」＝「身体」とでは使う言葉が異なっています。

「頭」が「心」＝「身体」の声を聴くことができるか

「頭」は「〜すべき」「〜してはならない」など、英語で言えばmustやshouldの系列の物言いをしますが、「心」＝「身体」は「〜したい」「〜したくない」などのwant to系列の言い方をします。また、「頭」が理屈や根拠をくっつけて物を言ってくるのに対し、「心」＝「身体」は快／不快にもとづいて結論だけを言ってきます。

先ほども述べたように、どうしても私たちは「頭」が支配的になってしまっていて、「心」＝「身体」の声をないがしろにしがちです。私たちの「頭」は、理屈や根拠を示さない「心」＝「身体」の発言をデタラメで気まぐれなものだと決めつけ、聴かずに却下したりするのです。

「頭」がこのような狭量な決めつけから脱するためには、「頭」の理性が万能なものではないことを思い知る必要があります。

数学者・物理学者でもあった哲学者パスカルは、次のように述べています。

理性の最後の歩みは、理性を超えるものが無限にあるということを認めることにある。それを知るところまで行かなければ、理性は弱いものでしかない。

（パスカル『パンセⅠ』「二六七」より　前田陽一・由木康訳　中公クラシックス）

目に見える範囲の合理性に信頼を置く論理的思考というものが、ある限られた範囲の中でしか有効ではないということ。それは、ちょうどニュートン力学が適応される範囲が有限であることに似ています。量子《りょうし》力学や相対性理論によってしか説明のできない領域がその外側に拡がっているように、「頭」の理性を超えた「知られない賢者」の世界は確かに存在するのです。

「頭」の理性が、論理的思考の限界をわきまえた、より高次の理性にならなければ、自分自身との対話は始まりません。より高次の理性とは、大自然や大宇宙の真理や生命の神秘に対して人間の科学がまだまだ太刀《たち》打ちできないように、人間の論理的思考が決して万能ではないことを知り、「知らないこと」「測定できないこと」「証明できないこと」などを「ない」と決めつけたり「たかをくくったり」しないような、謙虚《けんきょ》さを備えた理性のことなのです。

第20講　「借り物の考え」と「自分の考え」

私たちの考えには、第8講でも触れたように、「借り物の考え」と「自分の考え」があります。この二種類を見分けて、「借り物の考え」に拠《よ》っていた部分を徐々に少なくし、たとえ稚拙《ちせつ》で不完全だとしても「自分の考え」に置き換えて行く作業が、真に考えるためには必要です。

それには、まずは自分の考えを、折にふれて「借り物」でないかどうか点検してみることが大切です。その点においても、「対話」という経験に臨《のぞ》むことは、「他者」の異なる考えと遭遇する場なので、自分の考えを違う視点から眺めてみる絶好の機会になるのです。

思想の三形態

「借り物の考え」と「自分の考え」の違いは、その柔軟性や発展性の違いとして表れてきます。

自生(地植え)タイプ
柔軟性と発展性に富む
鉢植えタイプ
柔軟性と発展性に限界あり
切り花タイプ
修正不能で発展性がない

思想の形態を植物にたとえると……

「自分の考え」とは、植物にたとえれば、自生（地植え）に相当します。

これは、自分の「心」＝「身体」という大地に根ざして生みだされてくるもので、自分が感じ取ったことをもとにして、そこから疑問や問題意識を持って考えが作り出されてきます。これは必要とあれば、いくらでも修正を加えられる柔軟性と発展性を持っています。

これに対し、「借り物の考え」は切り花のようなもので、誰かの考えを部分的に切り取って持ってきたものなので、その考えが生みだされた由来もわからないため、発展性も柔軟性もありません。そのままの形を頑なに守るのがせいぜいで、いずれ枯れてしまう運命にあります。

また、この両者の中間には、ちょうど鉢植えに相当するような考えの形態があります。誰かの思想を○○派といった学派を形成して継承しているような人たちの考えが、これに相当します。宗教における宗派などもこれに相当します。このような思想は、鉢の大きさの範囲内では多少の発展性や柔軟性を持ってはいるものの、大地に根ざしていないので、その成長や発展にはどうしても限界があるのです。ですから、部分的修正まではできても、その思想が前提としている根本を問い直すことまではできないのです。つまりこのタイプの思想も、「借り物の考え」の一種にすぎないのです。

「対話」できる思想、できない思想

このように、人間の考えや思想には大まかに三種類のタイプがあるのですが、その考えがどのタイプであるかによって、ほかの思想と「対話」ができるか否かが大いに変わってきます。

切り花タイプの思想は、「借り物の考え」で柔軟性も発展性もないので、「他者」の思想を理解することを頑なに避けようとします。このタイプの思想にとっては、自分がしがみついている「借り物の考え」の根拠の不確かさが暴かれたり否定されたりする危険性があるので、「対話」はとても恐ろしいものなのです。

鉢植えタイプの場合は、鉢植えの中の土に限定して根ざしているので、それ以外の土に根を張る思想とは相容《あいい》れません。そのため、土壌を異にするような思想とは「対話」することをあまり歓迎しません。程度は違っても、やはり「借り物の考え」の一種であることに変わりはないので、外との「対話」にはリスクを感じるのです。

自生（地植え）タイプの思想同士の場合には、それぞれが別の場所に立っていても同じ大地に根ざしているために、「対話」を恐れる必要がありません。「他者」の思想と遭遇して、なんらかの限界や自己矛盾に気づかされたとしても、いくらでも修正や立て直しがきくので、それがリスクになることもありません。むしろ、それを「経験」として栄養にして、さらに思想を発展させていくことすらできるのです。

「自分の考え」でなければ「対話」にならない

このように、自生（地植え）タイプの思想、つまり「自分で考える」ことが、「対話」を身構えることなく行うための大切な前提となります。

世界中に満ちあふれている対立抗争は、イデオロギーや宗教観の対立がベースになっているものが多いようですが、これも「対話」できない思想や宗教観同士が、力と力で衝突しているという問題が核心にあります。そういった問題が解消していくためには、それぞれの思想や宗教が自生（地植え）的なものになることが不可欠だろうと思います。

これは、私たちの身近な話し合いなどでも同じことです。それぞれが、自分の大地に根ざしたオリジナルな考えを育成していくことは、バラバラなものが乱立すること

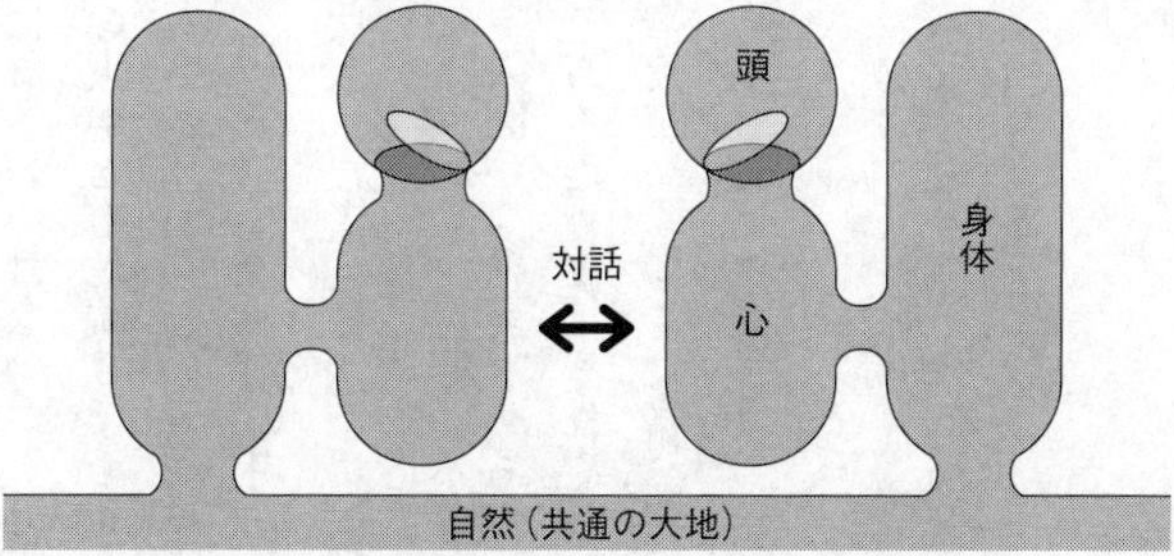

「自分」と「他者」の大地は地続き

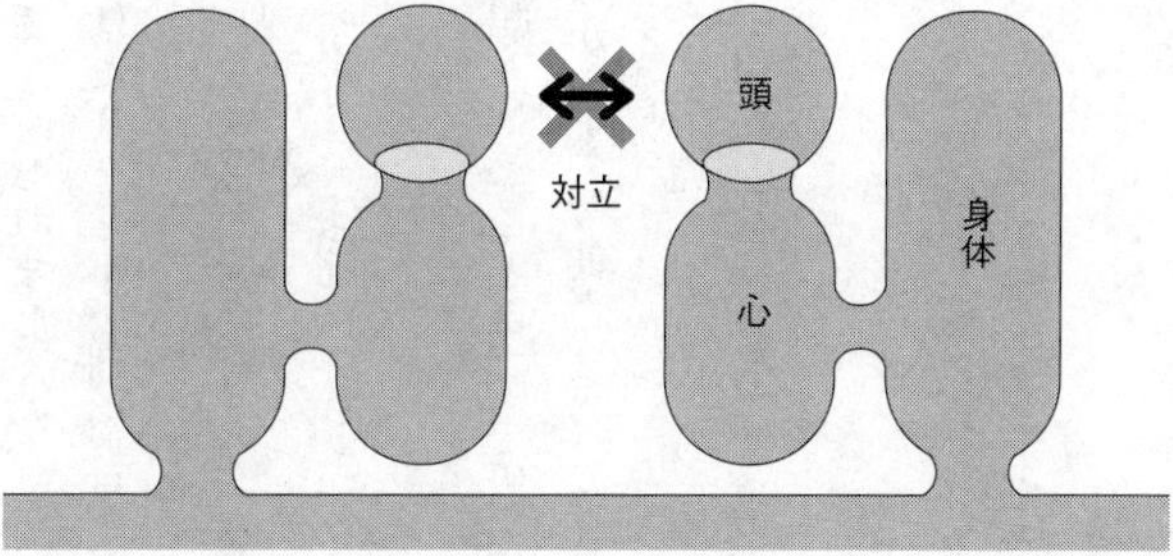

「心」＝「身体」と交通していない「頭」だけの考えでは対立は避けられない

になるのではないかと危惧《きぐ》する方もあるかもしれませんが、自分の大地とは「他者」の大地とも地続きであることを忘れてはなりません。別の言い方をすれば、私たち一人ひとりの「心」＝「身体」とは、「他者」の「心」＝「身休」と地続きなのです。しかし「借り物の考え」は、「心」＝「身体」と交通していない「頭」が、外から仕入れた考えに頑なに固執するものであり、「対話」のできない貧しい思想の形態なのです。

　人間が「経験」をもとに自生的な思想を持つことは、根を張っている大地が地続きであるために、それぞれ独自でありながらも、「他者」の「違う」思想にも耳を傾け「理解」することを可能にしてくれます。「対話」できる思想とは、独自性を持ちながらも「他者」に開かれているという、一見相反する性質をあわせ持っているものなのです。

第21講 「対話」とは共同思考である

「対話」とは、古代ギリシャの哲学的対話に起源があって、そもそも「哲学」と切っても切れないものでした。なかでも「対話」の元祖とでもいうべきは、かのソクラテスでした。

この人間より、わたしは知恵がある。なぜなら、この男も、わたしも、おそらく善美のことがらは何も知らないらしいけれど、この男は、知らないのに何か知っているように思っているが、わたしは、知らないから、そのとおりにまた、知らないと思っている。だから、つまり、このちょっとしたことで、わたしのほうが知恵があることになるらしい。つまり、わたしは、知らないことは知らないと思う、ただそれだけのことで、まさっているらしいのです。

（プラトン『ソクラテスの弁明 ほか』「ソクラテスの弁明」より 田中美知太郎・藤澤令夫訳 中公クラシックス）

これが、ソクラテスの「無知の知」として言われている有名な部分です。

ソクラテスは、デルポイの神託で「この者より知恵のある者はいない」と言われたのですが、彼にはその真意がよくわからなかったので、知者と言われている人物たちに次々と会って話をしてみました。その結果、ソクラテスは神託の本当の意味を、このように理解したのです。つまり、「知らないことは知らないと思う」という知的な誠実さの一点において、ソクラテスはほかの知者たちよりも知恵があるとされた。それがこの「無知の知」の逸話《いつわ》なのです。

これは「対話」を行う上で、どんな人にとっても大切な基本姿勢だと言えるでしょう。

もし「自分がゆるぎなく正しいことを知っている」と思う人間がいるとしたら、その人は、そもそも自分以外の人間と「対話」をする必要などないと思うことでしょう。

――自分がゆるぎなく正しいと思っている人とのコミュニケーションは難しい。

――そのことについてよく知っているつもりの人とやり取りする場合に、かえって誤解が生じやすい。

こういった意見は、まさに「無知の知」が足りない人とのコミュニケーションがいかに困難であるかを示しています。

第5講でも触れましたが、専門家、経験者、指導者、年長者、上司、教師、親などの立場にいる人間は、特に素人《しろうと》や若年者に対して、「自分は正しいことを知っている」と思いがちです。しかし、どんな相手との「対話」においても、いくらでも意外な発見はありうるものです。ですから、「無知の知」という自覚は、「対話」にはなくてはならない大切な知的誠実さの基盤なのです。

ともに考えるということ

もともと哲学とは、物事について基本的な前提のところからていねいに考えていく行為を指します。ともすると哲学は、多くの哲学書を読んで「誰それがこう言った」といった知識を振りまわすことや、哲学用語を振りまわして物事をややこしく言うことと取り違えられている節もありますが、それは本来の姿ではありません。

ソクラテスは、自身を知者だとは思わず、ひたすら「対話」によって「他者」とともに考えを進めていきました。第4講でも述べましたが、「対話」とは話し合うことによって双方が変化し、どちらか一人だけではたどり着けなかった次元の認識に、ともに到達する行為です。その意味でも「対話」とは哲学の出発点であり、本来の姿なのです。

残念ながら哲学という言葉は、いつの間にか厳《いか》めしいイメージをまとってしまって、私たちの日常生活とは無縁なものと捉えられてしまっています。しかし、そもそも人間が生きる上で直面するさまざまな問いや悩みに対して、「借り物の考え」で処理するのではなく、ていねいに「自分の考え」を見つけていく作業こそが哲学なのです。

ただし「自分の考え」というと、何か自分一人だけでウンウン唸《うな》って考えることのように想像されるかもしれませんが、かならずしもそういうことではありません。一人だけの考えというものには自ずと限界があるもので、むしろソクラテスが行ったように、「対話」によってともに考える方が、はるかに先の地点まで進むことを可能にしてくれるものであり、個人の限界を超えた豊かな収穫を与えてくれる可能性を秘めているのです。

哲学カフェという運動

一九九二年一二月一三日の日曜日、パリのバスチーユ広場にあるカフェで、「哲学カフェ」という興味深い運動が始まりました。希望する者は誰でも、コーヒー代を払うだけで、あるテーマをめぐって行われる「対話」に参加できるという広場《アゴラ》です。

この運動の発起人は、マルク・ソーテという当時四〇代半ばの哲学者でした。

彼は、哲学が大学などの象牙の塔に閉じこもってしまって、人々の苦悩に関与することからあまりに遠ざかっていることを疑問に思い、二五〇〇年前のギリシャ・アテネでソクラテスたちが行った、「対話」という本来の哲学の姿を現代に回復させようとしたのです。

この運動は、保守的な哲学者などから批判を浴びつつも次第に評判となり、その後、フランス国内のみならず、ヨーロッパやアメリカ、そして日本にも拡大し、今日では大阪や東京などでも「哲学カフェ」が開催されるようになっているようです。

私はこの運動については、マルク・ソーテ氏の『ソクラテスのカフェ』『ソクラテスのカフェII』（いずれも紀伊國屋書店刊）という書籍で知ったにすぎませんが、このような運動が急速に世界各地に普及している現象の背景として、現代人の「対話」への強い渇望《かつぼう》があるのではないかと思っています。

私も日々、精神療法という枠組みの中で「対話」を行っているわけですが、ソーテ氏が「哲学カフェ」という名称で行おうとしたことも、実のところ、とても似通ったものなのではないかと推察しています。なぜなら、哲学が「生きること」についてともに考える作業であるならば、それは精神療法の「対話」と、本質的になんら異なるものではないはずだからです。

精神療法に訪れるクライアントから、「ここに来て、生まれてはじめて『対話』をしたと感じた」「いままでは、本当に思っていることは言ってはいけないものだと思ってきましたが、ここでは言っていいんですね」といった感想をたびたび耳にします。そんなことからも、私たちの日常に「対話」が極端に不足している状況が、ひしひしと感じられてならないのです。

第22講　思考停止をうち破る「対話」

第20講でも触れたように、私たちがものを考えるとき、自分で考えているつもりでも、知らず知らずのうちに「借り物の考え」を前提にしてしまっていることがあります。しかし、これに気づくのはなかなか容易なことではありません。なぜなら、この「借り物の考え」は、「常識」という権威をまとって世間に流布《るふ》されていることが多いからです。

たとえば、「最近、睡眠が不規則で困っています」と患者さんが訴え、医師が「それでは、よく眠れるように睡眠剤を処方しておきましょう」と答えたとします。さて、このよくあるやり取りの中に「借り物の考え」が潜んでいることを見つけだせるでしょうか？

このやり取りでは、患者さんも医師もまったく同じ「規則正しい睡眠をとれることが健康な状態である」という考えを前提にしています。これが紛れもなく「借り物の考え」なのですが、双方ともそのことにまったく気づいていません。特に、その中核にある「規則正しい＝健康」という考えを二人とも何の疑いもなく「常識」として受け入れてしまっているのです。

「常識」というワナ

たとえば、この「規則正しい」という概念について考えてみましょう。

私たちが今日「規則正しい」というときに、それは、時計という機械によって規定された時間を基準にするわけですが、しかしよく考えてみると、人間が時計の時間によって生活を管理するようになったのは、人類の歴史の中でもごく最近のことにすぎません。それまでは、季節により生活時間帯は伸び縮みし、しかも厳密に時間に合わせるような生活でもなかったのです。

それを、サマータイム制すら導入されていない現在の日本で、一年中同じ時計の時間に合わせて生活することを「健康」の基本に据える考え方が、はたして妥当なものだと言えるでしょうか。また、われわれ人間には生き物としての生理的な変動もあれば、その日その日によって、あった出来事も違えば疲れ具合も違うことでしょう。そのように変動する無数の要素がある中で、機械に合わせた規則性を求めることが、はたして「健康」なのでしょうか。

ここで、ルソーのこんな言葉を参照してみましょう。

食事と睡眠の時間をあまり正確にきめておくと、一定の時間ののちにそれが必要になる。やがては欲求がもはや必要から生じないで、習慣から生じることになる。というより、自然の欲求のほかに習慣による新しい欲求が生じてくる。そんなことにならないようにしなければいけない。

子どもにつけさせてもいいただ一つの習慣は、どんな習慣にもなじまないということだ。

（ルソー『エミール 上』より　今野一雄訳　岩波文庫）

ルソーは、「習慣」というものが、人間が自然に備えている柔軟性や即興性を損なってしまう危険があることを見抜き、当時すでに「常識」とされていた「良い習慣を身につけることが大切である」という「借り物の考え」をひっくり返したのです。

次に、「健康であるに越したことはない」という一見疑いようのない考えについても、次のような中原中也の詩の一節を見たときに、これですら、かならずしも絶対的な真実とは言い切れないことが見えてきます。

然るに、今病的である者こそは、
現實《げんじつ》を知つてゐるやうに私には思へる。

健全とははや出來たての銅鑼《どら》、
なんとも淋しい秋の夜です。

（中原中也『中原中也全詩歌集　上』「未刊詩篇Ⅰ（秋の夜に）」より　吉田凞生編　講談社文芸文庫）

言葉の手垢

このように、「規則正しい」という言葉には、それがイコール「健康」であって、また「健康」という言葉には、それがイコール「良いこと」だといった具合に、ある価値判断が分かち難く付着していることがわかります。

このように言葉に付着している価値判断やイメージを、私は「言葉の手垢《てあか》」と呼びます（くわしくは拙著『「普通がいい」という病』［講談社現代新書］をご参照ください）。

真に「自分で考える」ためには、このような「言葉の手垢」をていねいに落としていかなければなりません。つまり、私たちが「借り物の考え」に気づきにくいのは、「言葉の手垢」というものに惑わされてしまっていたからなのです。

「手垢」のついた言葉を用い、「借り物の考え」を鵜呑みにした上で何を考えたとしても、それはしょせん、間違った公式に数値を代入して一所懸命に計算するのに等しい行為です。「自分で考える」ということは、まずは「言葉の手垢」を洗い落とし、はびこっている「常識」をもていねいに吟味し、そして自分の曇りのない感覚で、物事を一から捉えてみることなのです。

禅問答という「対話」

「対話」は自分とは視点の違う「他者」とのやり取りなので、自分だけでは気づけなかった「言葉の手垢」に気づかせてもらえる貴重な「経験」の場になります。

自分自身が足を置いている基盤が「借り物の考え」に拠っている場合には、「他者」との「対話」がそこに揺さぶりをかけてきます。これが「対話」という経験の豊かさです。

仏教の伝統の中には、「言葉の手垢」を落としてくれる独特な「対話」がありました。それは、禅問答と呼ばれているものです。

禅問答は、ソクラテスの行った哲学的「対話」とはずいぶん毛色の異なる、特異で厳しい「対話」です。

なにしろ「禅問答」は、私たちが思考を進める上で通常用いている「論理的思考」までをも「手垢」と見なしてしまうような「対話」なのです。それどころか、むしろ「禅問答」は、その「論理」の「手垢」を落とすことを最大の目的にしたものなのです。それゆえに、初めて禅問答に触れた人はたいがい、わけがわからなくなり、面食らってしまいます。

たとえば、『無門関《むもんかん》』という禅の公案集にある「達磨安心《だるまあんじん》」という問答はこんなぐあいです。

達磨《だるま》は壁に面して坐禅《ざぜん》していた。二祖は雪の中に立って、みずから臂《ひじ》を切って言

った、

「弟子《わたくし》は、心がまだ安らかではありません。どうか老師、［私を］安心《あんじん》させてください」

達磨は言った、

「心を持ってこい。君のために安心させてあげよう」

二祖は言った、

「心を求めましたが、まったく得ることはできませんでした」

達磨は言った、

「君のためにちゃんと安心させてやったぞ」

（秋月龍珉『無門関を読む』「36達磨の安心」より　講談社学術文庫）


禅宗の開祖である達磨大師は、はるばるインドから中国にやって来て、九年間も壁に向かって坐禅をしていました。そこに、のちに二祖（禅宗の二代目となる師）となる神光《じんこう》がやって来ました。その二祖神光は、達磨大師に向かって、臂《ひじ》を切る（腕を切り落とす）ほどの切実な思いで「心が安らかでないので、安心させてください」と請いました。すると、達磨大師は「心を持ってこい」と二祖に命じます。それに対して二祖は「心を探し求めてみたが、つかむことができませんでした」と答えます。すると達磨大師は「安心させてやったぞ」と言ったのです。

さて、これだけでは、雲をつかむような感じでよくわからない話だと思いますが、これは「心」や「安心」ということをめぐって、ほんの二往復のやり取りで、大きく認識の次元を変えることに成功している問答なのです。

はじめ二祖は「心が安らかでない」と言ったわけですが、達磨大師は「そのように対象化して捉えられるような『心』ならばここに持って来ることもできるだろうから、持っていらっしゃい」と言う。すると二祖は「どこにあるか探してはみたけれども、得られなかった」と言い、「心」を対象化して捉えていたことの浅はかさに気づかされます。

そこにすかさず達磨大師は「安心させてやったぞ」、つまりは、「心を対象化して捉えようとするような二元論（分別《ふんべつ》）が役立たずであることがわかれば、それこそが安心の境地を得たことなのだ」と言い、とどめを刺したのです。つまり、「心が安らかでなかった」のは、「二元論（分別）に振り回されていたからなのだ」と知らしめたのです。

通常は、「どうやったら安心できますか？」と誰かに問われた場合に、「こうやったら安心できますよ」といった答えを返すことでしょう。しかし、そこを達磨大師は意図的に外します。

それは、「どうやったらいいか？」といった、方法を求めているような次元に留まっているかぎり、決して「安心」にはたどり着けないことを達磨大師は知っていたからです。そこで、達磨大師は「認識」の次元を変えるために、あえて「心を持ってこい」などと、できるはずのないことを突きつけたわけです。つまり、他人を頼って「安心させてください」と言っているような主体のない状態では、どんな言葉で方法を伝えたとしても、それはその人にとっての「自分の考え」にはならず、「借り物の考え」として取り入れられるにすぎない。人頼みの姿勢そのものが根本的な誤りなのだ、ということを伝えてもいるわけです。

「言葉の手垢」を洗い落とす「対話」

「対話」はこの禅問答のように、本人が前提にしていた「借り物の考え」が打ち崩される「経験」の場でもあります。

私も精神療法の「対話」において、こんな答えを返すことがあります。

――私、普通になりたいんです。

「僕は『普通の人』を見たことがないのですが、それはどんな人のことですか？」

――私は、ワガママだってよく言われるんです。

「我が……まま。自分……らしい。もともとは、良い意味の言葉かもしれませんね」

――一所懸命努力したのに、うまくいかないんです。

「一所懸命努力したから、うまくいかない、という可能性はありませんか？」

これらの返し方は、「普通」「ワガママ」「努力」などの言葉に付着した「手垢」を落とすためのほんの一例です。こういったところから始めて、「対話」の中で「手垢」を検証していくのです。これらの例では、「普通がいいことだ」「ワガママを抑えなければならない」「努力すればうまくいく」といった価値観が「手垢」に相当します。それらの常識的な価値観に対して、懐疑的に検討を加えていくわけです。その結果、本人はそれまでの呪縛《じゅばく》されていた「借り物の」価値観から解放されて、新たな認識に開かれ、精神の自由を獲得していくことができるのです。

このように「対話」は、人を自由にする力を持っています。しかし、そのような「対話」を行うためには、日ごろから「言葉の手垢」や「借り物の考え」に対して敏感であることが必要です。さまざまな「常識」や権威づけされた理論や情報などについて、立ち止まって「本当にそうだろうか?」と一度は疑ってみる懐疑的姿勢が、「自分で考える」ことの出発点であり、「手垢」にまどわされずに「対話」を行うための前提なのです。

第4章　「ムラ的」コミュニケーションから「対話」へ

第23講 「空気」と「言葉」

「言わぬが花」

「それを言っちゃあ、おしめえよ」

こういった名文句は、何かを言葉にしてしまうことで、大切なものが「台なし」になってしまうと言っているわけです。

しかし、言葉にすることで、いったい何が「台なし」になるのでしょう？

「名指す」ことへの抵抗

日本人は古くから、大事なことほど、それを言葉にしてしまうことを「無粋《ぶすい》なこと」として嫌う美意識を持っていました。和歌や俳句などの短詩に複雑な情緒《じょうちょ》やメッセージを込めて詠《よ》んだり、「行間を読む」ことや婉曲《えんきょく》表現を理解できたりすることが大切とされてきた、長い伝統が日本にはあります。

ただし、このような美意識は、西洋にもまったくなかったわけではありません。

現在においても、たとえば大使の呼称には名前を直《じか》に呼ぶことを避けて、「閣下」を用います。また、現代英語ではyouが単複両方に用いられていますが、元来は複数形にのみ用いられていたもので、単数形にはthouという代名詞が存在していたのです。しかし、二人称単数形で「あなた」と名指すことは、いわば相手に指をさすような感じで失礼にあたると感じられたためか、複数形を用いて焦点をぼかす方の呼び方が好まれるようになって、次第に単数形のthouが消滅していったのです。

しかし、言葉にすることを避けるのは、単にそれが「無粋」であったり失礼にあたったりするからだけではありません。

「言霊《ことだま》」といった言葉があるように、古くから言葉にはある種の呪力《じゅりょく》があると考えられていました。「忌《い》み名」や「忌み言葉」というものがあるように、そのものの名を呼ぶことで、その対象が現出したり力を持ったりするのではないかと、昔の人々は恐れを抱いていたのです。

「ムラ的共同体」と「空気」

しかし、言葉にしなくてもコミュニケーションが成立するためには、前提となる教養や決まり事を構成員が共有している必要があります。そのように暗号のようなコード（規則）を共有している人間たちだけで構成される共同体を、「ムラ的共同体」と呼ぶことにします。

日本人は、コミュニケーションを言葉で行うよりも、むしろ「空気」「呼吸」「雰囲気」「暗黙の了解」といったもので行ってきました。そういったコミュニケーションが成立していたのは、日本が大小さまざまに重なり合う「ムラ的共同体」の集合体であったためです。

「ムラ的共同体」は、同質性を前提に成り立っていますから、構成員が「個」としての独自性を持つことを許さない傾向があります。

「出る杭《くい》は打たれる」
「長いものには巻かれろ」
「郷に入《い》っては郷に従え」

このような格言は、「ムラ的共同体」の中で「個」が突出しないように、自他ともに戒《いまし》め合うために存在していたのです。

崩れつつある「ムラ」の同質性

しかし、現代の私たちは、学校をはじめさまざまなところで、「自分の考えを持てる人間になりましょう」「自分の意見をはっきりと主張しましょう」「個性を尊重しましょう」といった、「個人主義的」精神を教育されてきています。さらに、時代もグローバル化が進んで情報が国際化し、外国への旅行や留学、海外赴任も珍しいものではなくなり、日本には外国人居住者や留学生も増加し、外資系の企業も増え、外国人といっしょに仕事をする状況も日常化してきています。

海外の「言葉にしなければ何も始まらない」「自分の意見を主張しなければ存在が認められない」「個としてオリジナルな考えを持たない人間は馬鹿だと思われても仕方がない」という社会で生活を経験したことのある人たちや、また、海外経験はなくとも、早期から日本の「ムラ的共同体」になじめないような、「個」の力を強く持っているタイプの人たちも徐々に増えてきている印象があります。

私たちは相手が外国人であるときには、「空気」のような「ムラ」のコードが通用しないとわかっているので、がんばって「言葉」でコミュニケーションを取ろうとしますが、しかし、相手がどこから見ても生粋《きっすい》の日本人である場合には、「空気を読む」ことを当然のこととして求めてしまいます。ですから、帰国子女の方などのように、見かけや話し方が日本人であっても内的には外国人と変わらない「個」を持っている人たちは、とてもコミュニケーションに悩まされる状況に置かれてしまいやすいのです。

「ムラ的」価値観と「個人主義的」価値観の混在

今日の私たちは、コミュニケーションについて、「ムラ的」な価値観と「個人主義的」な価値観が混在している状況に置かれています。

ニュースで談合の問題や政治家の派閥抗争などを見るときには、「こういうことをやっているからダメなんだ」と厳しく反応しながら、自分自身がかかわった会合や話し合いなどについては、「空気の読めない察しの悪い奴がいて和を乱すから、会議が長引いて本当に困る」と言っていたりもするのです。つまり、上についての「空気」の問題には反発を覚えるけれども、下には「空気を読め」と求めてしまうことに、案外、矛盾を感じていなかったりするわけです。

　私たちは今日、言葉を使わず「空気」でやり取りできていた「ムラ的共同体」の時代から、言葉で表現しなければコミュニケーションが成立しない「異人」の集合体としての「社会」に移行してゆく過渡期にあるのではないかと考えられます。

「和をもって貴《とうと》しとなす」として言われるような精神は、もちろん今後も大切にされるべきものですが、しかしここで考えておかなければならないのは、その「和」の内容についてです。

「ムラ的共同体」における「和」とは、「個」を遠慮し押し殺した形で、「ムラ」の利益に奉仕する精神のことを指していました。しかし、外国人をはじめ「個」に目覚めた人間が増えてきている今日の状況で実現すべき「和」とは、それぞれの「個」の意見をていねいに汲み上げた上で、「対話」によって到達されるような高次元の「和」でなければならないのです。

　残念ながら、いまだに「個」に目覚めた人が自分の主張を述べることは、「和」を乱すことと捉えられてしまい、程度の差はあれ、嫌がらせやイジメに遭《あ》ってしまいやすいのが実情です。

しかしそんな中にあっても、「対話」の精神に目覚めた者たちが、地道に「対話」を身のまわりで実践していくことによってしか、この混迷の状況は打開されていかないだろうと思うのです。

第24講　主語のない日本語

いつも使える一人称・二人称代名詞の不在

子どもや外国人などに日本語を教える機会でもないかぎり、ふだんは意識されにくいことですが、日本語の場合に、話している相手をどう呼ぶべきなのか、これを選ぶのは、なかなか複雑で難しいものです。なぜなら、日本語には、いつでも誰に対してでも使えるような普遍的な二人称代名詞が存在しないからです。

英語ならば、相手が赤ちゃんであれ大統領であれ、すべて二人称代名詞you一つで済むわけですが、日本語ではそうはいきません。目上の人間に対してはまず人称代名詞の使用はご法度《はっと》になっていて、「先輩」「お父さん」「部長」「社長」「先生」などのように、地位や役割を示す呼称を用いなければなりません。youの訳語である「あなた」で呼べるのは、せいぜい同等の立場か目下の者に対してだけということになってしまっているのです。

同じように自分を指す一人称代名詞についても、話す相手がどんな関係性の人間かによって、カメレオンのように変化させていることが多いのです。

会社で上司に対して「私は」と言っている人が、親しい友人とは「俺は」と話し、家に帰って子どもの前では「お父さんは」と名乗っているのは、決して珍しいことではないでしょう。

このように、一人称、二人称いずれの呼称も、相手との関係性によってコロコロと変化するわけですが、これは日本の「タテ社会」的上下関係や「ムラ」的尺度で見た親密度によって変化しているのです。

brotherと兄弟

ここで、英語のbrotherという単語について考えてみましょう。

日本語ではこれを「兄弟」と訳すわけですが、これは完全に対応する概念が日本語になかったために、仕方なしに「兄」と「弟」を組み合わせて作った訳語だと考えられます。つまり、年上か年下かということの区別のないような概念が、日本語には存在しないのです。

では、この逆を考えてみましょう。

「兄」を英語に訳すと（olderまたは）elder brotherとなるのですが、この言い方は、特別に明示する必要のないかぎりは、英語圏の生活であまり使われることはありません。つまり英語圏の国々は、ふだんbrotherが年上であるか年下であるかの区別をほとんど必要としないような価値観の社会であるということです。

このように、単語一つをとっても、そこにはその社会の価値観が濃厚に練り込まれているものなのです。

「兄弟」といった言葉を用いる私たちの「タテ社会」的な上下意識は、第5講でも**前提4**として述べたことですが、「対話」にとっては大きな障害になるものです。

「もっと対話を増やしましょう」といった気軽な調子のスローガンをよく見かけますが、日本人が日本語で「対話」することは、このような日本語自体の性質を熟知し、それに巻き込まれないようにしながらでなければ成立しない難しさがあると言えるでしょう。

新たに何かを対象として捉えるとき、「名づけ」が行われます。混沌とした全体の中から、名づけられたものが区別されるのです。「名づけ」は、対象とそうでないものの境界に言葉で切れ目を入れ、対象を切り取ります。つまり、「名づける」ことによって対象は明確化され、その周辺のものとの連続性が断たれ、あいまいさを奪われるのです。

たとえば「ムラ的共同体」の内部では、「個」が明確に立つことが忌み嫌われるので、「自他の区別」をなるべくつけたがらない。そのため主語をなるべく立てない傾向があって、「あいつは嫌な奴だと思わない?」というような言い方をよくします。

この言い方では、陳述者《ちんじゅつ》が主語として立てられていないので、この判断を行った人間はあいまいさの中に隠れ、責任の所在もはっきりしません。そのうえ、ダメ押しの付加疑問文「思わない?」が、相手に同意を強要しています。

そのため、このような言い方をされた内容は、「地球は丸い」のような普遍的真理を言う場合と同じ絶対性の色彩を帯びてしまいます。第4講で「踏み絵」の話をしましたが、まさにこれに同意するかどうかによって、聴き手は同志か異端者かを見分け

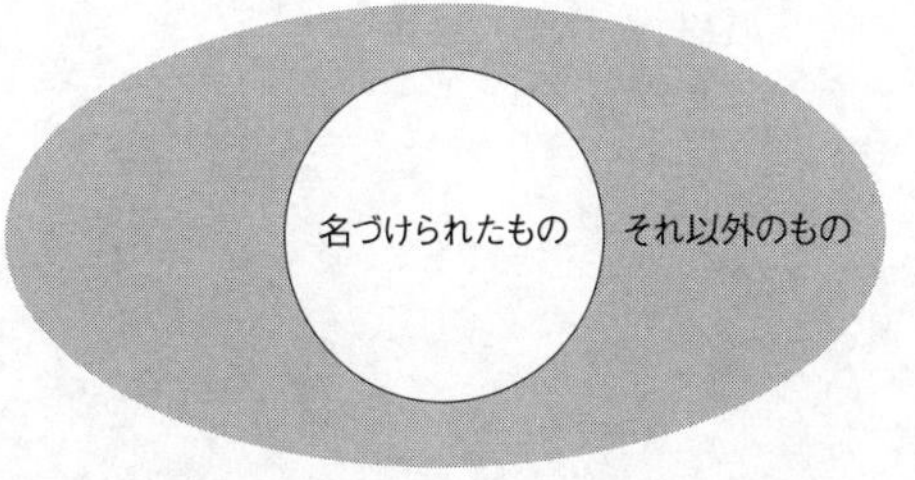

「名づけ」によって、対象を切り取る

る「踏み絵」を踏まされる状況に追い込まれてしまうのです。

ところが、これを主語を立てた言い方にしてみると「私はあいつを嫌な奴だと思うけれども、君はどう思う?」となって、相手には「僕はそうは思わないな」と言える余地が生まれてきます。つまり、主語を立てるということは、相手の「他者」としての独立性を確保する言い方なのです。

自分のことをゆるぎなく正しいと思っている人は、往々にして主語を立てない言い方で、偏狭な個人的主観を話すことが多いようですが、これは「対話」を行う準備のできていない状態だと言えるでしょう。

私たちが「対話」を行うためには、母語である日本語の文法的特徴についても、そこに何が練り込まれているのかについて、敏感でなければなりません。「他者」を

主語と話の内容との関係

想定しない「ムラ的共同体」的な言語を用いて「対話」を行うことには、その言語の引力に振りまわされないしたたかな意識をも必要とする、独特な難しさがあるのです。

第25講　あとで不満を言う人々

——会議で述べた意見に対して、特に反論もなく「ご意見ごもっとも。おっしゃる通りです」と言っていたので、賛成してくれたのかと思っていたら、あとになってから「賛成したつもりはない。これこれのところが問題だ」と言ってくる人がいる。どうしてその場で言わないのか、いったい何のための会議なのかわからない。

——話し合いで皆がなかなか意見を言わない。むだに時間だけが過ぎていくので、仕方なく自分が発言したら、あとで「仕切り屋だ」と陰口を叩かれてしまった。

このようなことを感じたことがある方も少なくないことと思いますが、私たちの社会は見かけ上は近代化を遂げてはいても、その実態が依然として「ムラ的共同体」であることが、こんなところに露呈しています。

会議の実態は「根回し」と「談合」

そもそも会議という形態は、西洋の個人主義的社会の生みだした仕組みで、参加者が対等な発言権を持ち、さまざまに異なった意見を出し合い、そこから最良の結論を導きだしていこうとする方法です。つまり、参加者がそれぞれ「個」としての独立した主体を持っていることが前提になっているのです。

しかし、日本は明治維新以降、西洋の制度を器用に取り込みはしたけれども、その基本にある個人主義の精神については、「建て前」的に取り入れたにすぎませんでした。ですから、会議についてのみならず、法制度や個人の尊厳ということについても、その根本精神はいまだ本当には理解されていないのです。

ですから、個人主義の未成熟な「ムラ的共同体」に「会議」という形態だけを取り入れても、実質的には「談合」のようなものにしかなりえないのは、むしろ当然のことなのです。

個人が突出することを好まない「ムラ的共同体」は、全員が一致して何かを決議することを理想形としています。しかし、当然そんなことは自然にはありえないことですから、あらかじめ「根回し」をしてさまざまな意見の調整をしておいて、会議の場では全会一致でシナリオ通りに事が進むようにするわけです。

こう言えば聞こえは良いのですが、この「根回し」や「談合」は密室で行われるものであって、公正さが保証されることは難しく、「タテ社会」の力学がそのまま持ち込まれてしまい、立場の弱い人間の意見はひねり潰《つぶ》されてしまうことも多いのです。

論理性と情緒

会議や話し合いなど、複数の人のいる場で自分の意見を述べるためには、その「考え」が論理性を備えている必要があります。論理性とは、相手が自分とどんな関係の人であれ、その内容が変化しないようなものであるということであり、また、その内容については誰でも等しく検証ができるようなものであるということです。

つまり、人間関係や場の「空気」、利害関係などに引きずられない一貫性を持つものでなければ、真に論理的な意見とは言えません。さまざまな関係性に引きずられることは、論理性よりも情緒を優先してしまったということになるのです。

情緒が混入した意見は、物事を冷静に考えたり話し合ったりすることを大きく妨げます。会議などでヒステリックな発言で話の流れを変えてしまう人や、「それって結局~なんじゃない?」とか「しょせんそんなことしたってうまくいくはずがない」などの情緒的発言で、ほかの意見を潰しにかかる人がありますが、そういう人の発言には論理性が欠如しています。反論をすることは一向に構わないのですが、それを論理という道筋を通って行わないのは、スポーツにたとえれば、ルールを無視して単なるケンカをするに等しいような行為なのです。

「現実嵌入《かんにゅう》」が言語の一部となってしまっている日本語、更にそれと一体になっている経験が、こういう次第であるのは、思想というものに対して殆んど致命的であるように思われる。と言うのは、「思想」というものはそういうものである。すなわち現実嵌入を徹底的に排除することより外のことではないからである。

（森有正『森有正全集 第12巻』「経験と思想」より 筑摩書房）

思想家・森有正氏が言う「現実嵌入」とは、ある考えに、論理性を妨げる現実的な人間関係やしがらみなどが情緒的に嵌《は》まり込んでくる事態のことです。

「思想」というものは、「現実嵌入」というノイズを徹底的に排除した上に成り立つものでなければならない。しかしながら、どうも日本語そのものにすでに「現実嵌入」の要素が練り込まれてしまっているのではないか、と森氏は指摘しているのです。

第22講で、私は「言葉の手垢」ということを述べましたが、さらに考えを進めていくと、「日本語の手垢」とでも言うべき問題についても考えてみなければならないわけです。前講でも触れた、日本語の文法的特性や単語自体が負っている「タテ社会」的概念などが、「日本語の手垢」の代表的なものです。これらの「手垢」が「思想」への「現実嵌入」を生んでしまい、論理的な考えを歪めてしまう恐れがあるということなのです。

二人称関係

私たち日本人は、一対一の人間関係の中では饒舌《じょうぜつ》であっても、多くの人がいる場では途端に無口になってしまいがちですが、それはなぜでしょうか？

相手との関係性によってカメレオンのように変化する日本語の特性を見ればわかる

二人称関係（二項関係）

ように、日本人は相手との関係性を探り、その関係性を前提に、話し方や内容までをも決定しようとします。ですから、そもそも「話す」という行為自体が一対一の関係を基盤にしていて、複数の人間を前に、関係性を限定できない状況下で「話す」ことは、かなり困難な事態なのです。

このような日本人の傾向について、森有正氏は次のように述べています。

日本人においては人間の一人一人が、つまり他人と区別された自分として、充分に独立的に、独立的な主体として自覚されないということがあります。他人と自分との間の区別が、はっきりしていないということです。つまり、他人がいつまでたっても、私にとって「あなた」である。そこまではいいのですけれども、今度は、その「私」は「あなた」に対してのみ「私」なのです。（中略）天皇や親や、あるいは仕事上の上役や先輩から「お前」とか「君」とか「あなた」とか言われる人間として、自分を自覚しているのです。

あるいは一家の中にあって、子供から親として考えられ、妻君から夫として考えられ、つまりすべて他の人から二人称として考えられているのです。だからその相手の意志を、相手の考えを推しはかってみなければ、自分の行動を決定することができないのです。また相手も同時に、自分にとって二人称になっているのです。

（森有正『いかに生きるか』「Ⅱ　日本人の生き方」より　講談社現代新書）

森氏は、このように互いが相手にとっての二人称になってしまう関係を、「二人称関係（または二項関係）」と呼びました。一方、西洋の個人主義的な「個」の在り方については、それぞれが互いに「三人称」になることだと考えました。「三人称」とは、未知なる存在であり、関係性にからめとられずに独立した「他者」であるという意味です。

会議や話し合いも「対話」である

「対話」とは相手を「他者」と見ることだと第1講で述べましたが、そのように互いが認識し合っていなければ、会議や話し合いというものは成り立ちません。多数の人の前で意見を述べることは、誰かにとっての「二人称」の関係から離脱して、独立的な「三人称」の自分になっていなければできないのです。

会議中には何も意見を表明せずに、あとで一対一の場面でグチグチ言うタイプの人は、「二人称関係」の世界にどっぷりと浸かっている人で、「二人称関係」の情緒的なもたれ合いの中でしかものが言えない人なのでしょう。つまり、会議というものの根本精神が理解できておらず、一人称的主体としての論理的な発言ができない人なのです。

「ムラ的共同体」すなわち「二人称関係」の世界には、会議というものはそもそも存在しません。あるのは、一対一の「談合」の複合体にすぎません。

ですから、「ムラ人」の集まりにいかに近代的な見かけを取った会議や話し合いの場を設定しても、そこで有意義な意見交換は行われずに、あとでグチグチと個人攻撃や「談合」が行われることになってしまうのです。いわば格闘技の試合で負けて、終わってから場外で相手を後ろから殴っているような卑劣《ひれつ》な行為であることに、「ムラ人」は気づいていないのです。

第26講　孤独を見ない関係

前講で、「二人称関係（二項関係）」ということを紹介しましたが、これは、単に人間関係の質を言っているだけでなく、その人間が物事をどう受け取るのかということにも密接に関係してくる、その人間の存在の仕方を表した言葉でもあります。

森有正氏は、次のように述べています。

私は、「二項関係」は、一人称―三人称関係が本質的にもっている苦悩《アンゴワッス》的要素からの逃避を意味している、と考えている。二人称的関係においては可能的に最大限のものが既知のものに還元される。（中略）たとえ人間関係から起って来ることでも、思いがけないこと、非常に困ったことは、天災的なものと見做《みな》される傾向がある。（中略）それを甘受《かんじゅ》して、それが過ぎ去るのを待つということになる。（中略）人間的矛盾に対する時に起る「苦悩」（ANGOISSE）がそこには欠如している。

しかるに「二項方式」の内部では凡《すべ》てが一変する。お互いに相手は自分にとって二人称であり、「汝《なんじ》」であり、しかもそれが「私的な」関係であるということから、そこには「恋」あるいは「慰安」(CONFORT)と「苦悩」(ANGOISSE)との絶え間のない交替が始まる。(中略)しかし本当は自己も相手もいつでも一人称になり、相手にとっては三人称になる可能性を保持している。また現実にそれは起って来る。そこから「安心」は「不安」へ、「慰安」は「苦悩」へと変貌する。

(森有正『森有正全集 第12巻』「経験と思想」より)

少々わかりにくいかもしれませんが、ここには非常に重要な指摘があります。順を追っていねいに見ていきましょう。

まず、「『二項関係』は、一人称―三人称関係が本質的にもっている苦悩的要素からの逃避を意味している」とは、どういうことでしょうか?

一人称―三人称関係というのは、個人主義的な人間関係のあり方のことです。つまり、お互いに相手を未知なる「他者」と捉えるような関係のことで、私が「対話」の前提として **前提1** などで述べてきたことに相当します。ですから先ほどの一文は、「二項関係」の中にいるということは、「他者」同士の関係が必然的にはらんでいるよ

一人称—三人称関係

うな苦悩から逃げていることなのだ、と言っているわけです。

では、その苦悩とはどんなものを指しているのでしょうか?

それはまず、人間が基本的に「孤独」な存在であるということであり、それを引き受けざるをえないということです。

孤独とは

ここで、「孤独」という言葉について、手垢を落としておかなければなりません。

そこで、フランスの哲学者アンドレ・コント＝スポンヴィル氏の言葉を引用してみましょう。

孤独について言えば、孤独とはぼくたちに与えられている万人へ通ずる分け前なんだ。（中略）ただ、孤独と孤立とはちがう。（中略）一人でいるとは、自分であるということ以外のなにごとでもないんだ。ほかのどんなものになれるというんだろうか。誰もぼくの代わりに生きることはできないし、代わりに死ぬことも苦しむことも愛することもできやしない。これこそ、孤独と言われるものであり、存在しようとする努力の別の言い方にほかならないんだ。君の背負っている重荷をかついでくれる人はどこにもいない。（中略）

だから孤独とは、他人を拒否することじゃなくて、他人を受け容れることであり、他人を他人として（自分の一部分や道具や対象としてではなく）受け容れることなんだ。だからこそ、愛することは、ありのままの姿で見れば孤独なんだ。（中略）

愛は孤独の対極じゃない。愛とは、他人の孤独によって分かちあい、満たされ、照らしだされた——そしてときに曇らされる——孤独なんだ。愛はつねに孤独なんだけれども、それはどんな孤独も愛をふくんでいるからではなく、それどころかあらゆる愛が孤独だからだ。ぼくの代わりに、ぼくのうちで、ぼくのように愛することは誰にもできやしない。自分の周りに、あるいは愛する対象の周りにあるこの砂漠こそが、愛そのものなんだ。

（アンドレ・コント＝スポンヴィル『愛の哲学、孤独の哲学』より
中村昇・小須田健・C．カンタン訳　紀伊國屋書店）

よく「孤独になりたくない」とか、「孤独なのがつらい」といった言い方がありますが、それは「孤独」というものを「孤立」と混同した発言です。「孤独」とは、すべての人間が逃れようもなく「一人で生まれ、誰とも違う自分だけの人生を生き、一人で死んでいく」存在であるということにほかなりません。ですから「孤独」でない人間など、どこにもいないのです。

このように「孤独」を認識することは、ほかの人間が自分とは違う「他者」であることを知ることであり、自分もまたほかの人間から見れば「他者」であることを認識することでもあります。その寒さと重みから人間は逃れられないということ、それが森有正氏の言う「一人称―三人称関係が本質的にもっている苦悩」なのです。

しかし、「二項関係」に浸かって生きる人々は、この「孤独」を極端に恐れ、その

私たち「孤独」じゃないよね

二人称関係（二項関係）の井戸端会議

現実を見ないようにすることにエネルギーを注ぎます。そのために、いつも誰かを二人称の「あなた」として必要とし、いつも誰かの「あなた」でいようとするのです。「二項関係」の人たちが、頻繁に井戸端会議をして人の噂話などに花を咲かせるのは、その関係にしがみついて「孤独」を見ないようにするためなのです。

一七世紀フランスの哲学者パスカルの『パンセ』に、こんな言葉があります。

これらの惨《みじ》めなことにもかかわらず、人は幸福であろうと願い、幸福であることしか願わず、またそう願わずにはいられない。

だが、それにはどうやったらいいのだろう。それをうまくやるには、自分が死なないようにならなければならない。しかしそれはできないので、そういうことを考えないことにした。

（パスカル『パンセⅠ』「一六九」より）

どうも昔から人間は、都合の悪い現実を「見ない」「考えない」ようにして、あたかもそんなものは存在しないかのようにごまかすことが得意だったようです。

第27講　物事の受けとめ方

さて、ここでも引き続き第26講の森有正氏の言葉について、考えていきましょう。「二人称的関係においては可能的に最大限のものが既知のものに還元される」というのは、まさに第9講で「たかをくくること」として述べたことそのものです。「未知なるもの」などありはしないと「たかをくくる」姿勢は、「ムラ」から一歩も外にでようとしない偏狭な価値観を反映したもので、そこから必然的に、第2講で述べたような「同じ」探しの傾向も生じてくるわけです。

困ったことは天災のようなもの

次に「たとえ人間関係から起って来ることでも、思いがけないこと、非常に困ったことは、天災的なものと見做される傾向がある。（中略）それを甘受して、それが過ぎ去るのを待つということになる。（中略）人間的矛盾に対する時に起る『苦悩』(ANGOISSE) がそこには欠如している」という部分がありますが、これは非常に重要な問題を指摘した箇所です。

それは、たとえば次のような形で、私たちの日常に満ち満ちている現象を指しているのです。

――何度も言っているのに、ちっとも伝わっていないので呆《あき》れてしまう。

――「要《い》らない」と言っているのに、しつこく食べ物を勧められることがある。

――前に自分で言ったことを、あとになって「そんなことを言った覚えはない」と簡単に覆《くつがえ》されてしまう。

――真剣に話し合ってこちらの気持ちや要望を伝えても、しばらくすると、まるでそんな話し合いなどなかったかのように、もとに戻ってしまう。

このように、私たちはせっかく言葉で自分の意志や考えを相手に伝えても、ちっとも相手がそれを受け取っていないことに直面し、当惑します。これは「二人称関係」に生きている人が意にそぐわないことを言われたときに、それをまるで「天災」のようなものとして受け取って、ただ「過ぎ去るのを待つ」という方法で処理していたからだったのです。「ほとぼりが冷めるのを待つ」という言葉などは、この心性を象徴するものだと言えるでしょう。

「二人称関係」に生きている「ムラ人」は、頑なに自分が「変わる」ことを拒否します。そのため、話し合っている場では相手の言葉を「甘受」したように見せかけながら、実際には受け入れません。伝えた側からしてみれば、その場ではわかったような反応をされるので、てっきり伝わったものかと思ってしまうわけです。

受け入れつつ受け入れない二重構造

このように、表面上は柔軟に受け入れているように見せて、内実としては受け入れないという二重構造は、昔から日本人の得意技だったようです。

異文化受容に際しても、古くは中国から入ってきた中国語を訓読して日本語化し、漢字も訓読みという方法で「やまと言葉」に作り変え、明治以降は西洋の言葉をカタカナにしたり新たな訳語を発明したりして、実にすんなりと受け入れたのです。そして社会制度も器用に模倣《もほう》することによって、急速に近代国家の見かけを整えました。

しかしながら、それらは根本精神まで取り入れたとは言い難く、既存の日本的なものを温存したまま、レッテルだけをハイカラなものに貼り替えたにすぎなかったのでした。

本書のテーマである「対話」という概念も、まさにそのようにして、内容を理解しないまま、言葉だけ取り入れたものの一つだと言えるでしょう。

コミュニケーションによって自分自身が「他者」と遭遇して、「苦悩」をも含む「未知なるもの」を受け入れて変化しようという根本精神が、「ムラ的共同体」に棲《す》む人たちには不足しています。それは「変わること」への臆病《おくびょう》さでもあります。

「苦悩」という「経験」

――そんなの考え過ぎだよ。

――くよくよ悩んでないで、気分転換でもした方がいいよ。

――悩んでばっかりいると、暗い性格だって思われちゃうよ。

こんな言葉をよく耳にしますが、どうも世間では「悩む」ことの評判がよろしくありません。しかし、人間の変化、成熟は、「苦悩」という「経験」なしには考えられないものです。

森氏は先ほどの文章で、「人間的矛盾に対する時に起る『苦悩』がそこには欠如している」と述べていました。「二人称関係」を生きている人は、「苦悩」を「天災」であるかのようにやり過ごしてしまうので、真の意味で「苦悩」という「経験」が生じません。ですから、人間関係で同じような問題を繰り返しやすく、また、繰り返しているという自覚にも乏しいのです。

ほとぼりが冷めるとは？

「ムラ的共同体」の「二人称関係」の世界は、私たちに馴染《なじ》みの言い方で言えば、「世間」ということになります。

「世間」においては、有名人が違法行為などでスキャンダルを起こしても、謝罪会見を行って、しばらく大人しく謹慎さえしていれば、案外すんなりとカムバックできてしまうことがあります。ある程度の時間さえ過ぎてしまえば、世間的には何事もなかったかのように無罪放免になるのです。

これはなにも有名人にかぎらず私たちの身近にもよくあることで、「まあ、そんなことは水に流して」といった受け流し方が「寛容で度量の広い大人の態度」と評価され、それをしないのは「いつまでも根に持っている大人気《おとなげ》ない態度」として非難されてしまうわけです。

このように「世間」というものは、違法行為さえも「法」によって裁いているというよりも、「世間の風評」によって裁いているのが実態だと言えるでしょう。「謝罪会見」といったものが存在するのも、そもそも奇妙なことです。「世間をお騒がせして申し訳ありませんでした」という言葉に象徴されているように、罪を犯したことが問題というよりも、「世間を騒がせたこと」の方が問題なのです。だから「世間」に対して謝るのであり、「世間」での「ほとぼりが冷め」さえすればよいのです。

ですから逆に、犯罪者と確定していない「容疑者」の段階でも、マスコミは実名報道したり写真を公開したりすることにあまり疑問を感じず、「世間」の人々も平気で呼び捨てにして「世間話」のネタにするのです。「世間」の風評からすれば、「容疑者」はすでに「世間を騒がせている」ので、もう十分に有罪になっているようなものなのです。

何が重視されているのか

「二人称関係」の「世間」とは、このように、「法」という「契約」の精神で物事を判断するのではなく、関係性によって判断を行います。つまり、その人が「世間」との関係において「世間」を騒がせたか否か、あるいは個人間の問題であれば、相手との関係が険悪なものになったか否か、そういうことの方が重視されるわけです。

そのため「世間」の人は、自分自身がどうであるかに問題意識を持つのでなく、関係をどう保つかのところにばかり目を向けます。ですから、『困ったこと』とは、あくまで関係がこじれたことを指すのであって、自分自身の問題としては捉えられません。そして、「経験」としての「苦悩」は、このような構造によって見事に回避されてしまうのです。

物事の受けとめ方は、「一人称―三人称関係」を生きる場合と「二人称関係」を生きる場合とでは、これほどまでに大きな「質」的違いがあります。当然、人間同士の関係の在り方や、やり取りされる言葉の持つ重みも違ってきます。次講では、この「言葉の重み」について考えてみることにしましょう。

第28講　重みのない言葉

――ついうっかり、ひどいことを言ってしまった。
――まさか、本気で言っているとは思わなかった。
――そんなに人の言葉尻を捕まえて、文句言わなくたっていいじゃないか。
――あれは、たんなる言葉の綾《あや》だよ。

私たちの日常にはこのような発言が珍しくありませんが、言葉というものがいかに軽く扱われているかが、こんなところに如実に表れています。
話し合いをしても、喧嘩《けんか》をしても、原因を明確にすることは頑なに避ける一方で、感情的にはずいぶん極端なことまでも平気で口にしてしまう。ところが、その言葉の通りなのかと思っていると、ほとぼりが冷めれば何事もなかったかのように平然としている。これは、「一人称」の自分を生きている人間からしてみれば、まったく不可解なことに映ります。

本音と建て前

政治家の「失言」などもしばしば話題になりますが、これも言葉についての態度を反映したものだと言えるでしょう。

よく「本音と建て前」ということが言われるわけですが、そこからすれば「失言」とは「建て前を言うべきところで、うっかり本音を言ってしまった」ということになるでしょう。

しかし、「本音」が本当で「建て前」が作りものの嘘《うそ》だ、と簡単に考えてしまっては、事の本質が見えてきません。

「二人称関係」を生きている人たちにとっては、言葉というものがそもそも重みを持って発せられていないので、このように器用な二重構造が可能なのではないかと考えられます。ですから、「本音」というものですら、実のところ、その言葉に対応するような重みを持っていないのではないかと考えられるのです。

私たちのまわりで「本音」として吐きだされる言葉に、よくよく注目してみると、それは大概、感情的で刹那《せつな》的なものになっています。「出て行け!」「もう別れます！」「あいつなんか死んじまえばいいんだ！」「もうあなたのことは絶対に許しません！」「もう二度と来るもんか！」などなど、物騒で極端な言葉が吐きだされるわけですが、あとになって案外簡単にその言葉は撤回され、「そんなこと言ったっけ？」といった感じでケロリとしていたりするのです。

ですから、「本音と建て前」を使うような人の言葉は、そのいずれにも、言葉に相当するような真実は表されていないのだと見ることができるでしょう。つまり、言葉と対応しているのは、あくまで皮相的で未熟な感情と、本当には思ってもいない外向きの体裁にすぎないのです。

政治家の公約を始めとする人々の約束や契約などについても、あるいはひょっとすると憲法や法令までも、言葉を軽く扱っている人々にとっては、簡単にいくらでも無視したり撤回したりできる程度のものと捉えられているのかもしれません。

話すことなど何もない

「二人称関係」においては、互いが「同じ」ような人間であるはずだという前提があるので、突き詰めて言えば、本来は話すことなど何もないわけです。

レヴィナスという哲学者が、『全体性と無限』(岩波文庫)という著作の中で次のようなことを述べています。

自分が言っていることが普遍的真理なのだとするならば、それは普遍的なのだから、他者に向かってそもそも言葉を発する必要も意義もないではないか。言葉というものは、人によって多種多様な考え方がありうるということを前提にして存在しているものである。つまり、言葉は「対話」のために存在しているものなのだ。「他者」を「他者」の言葉の異物性のままに認識せずに、自分の言葉が表している世界に引きつけ同化させて受け取ってしまうと、「他者」は抹消されてしまうことになる。

第24講で私は、主語を立てない言い方には普遍的真理を述べるような傲慢《ごうまん》さが潜んでいることを指摘しました。つまり、第3講でも触れたように、「他者」を知りたいと思っていない、知る必要などないと思っている人は、モノローグの世界で不足を感じてはいないのです。

ですからそのような人にとっての言葉は、せいぜい最低限の情報交換や相手と「うち」同士であることが確認できれば十分といった程度のものなのです。つまり、「他者」を必要としない独善的真理の世界に棲み、「他者」がいないも同然なのですから、言葉でなければ表しようのない「ロゴス」をやり取りする必要など、そもそも感じてはいないのです。

「ロゴス」としての言葉、鳴き声としての言葉

この「ロゴス」というのは、言葉、論理、意味、理性、根拠、法則などの意味をあわせ持ったギリシャ語です。「ロゴスlogos」は、「拾い集める」という意味の動詞legeinが語源で、バラバラに散らばっているものをある秩序のもとに拾い集め、順序よく並べるといった意味が基本にあります。

そもそも、本書のテーマである「対話dialog(ue)」とは、もともと、ギリシャ語のdialogosからきた言葉で、dia-は「〜を介して」という意味ですから、dialogosとは「ロゴスを介して」という意味になります。

ですから「対話」というものは、単に言葉をやり取りする「会話」と違って、「他者」同士がともに「ロゴス」を交換すること、つまりともに考えることなのです（これは第21講でも述べた通りです）。その意味で、「対話」において、言葉が大変な重みを持つものになるのは必然です。

「ロゴス」としての言葉とは、その人が理性を働かせて、なんらかの意見を「他者」に向かって差しだすものだと言えるでしょう。そしてその言葉は、重みをもっていると同時に、かならずしも「普遍的真理」を述べているわけではないという、ある種の謙虚さをあわせ持ったものです。

一方、「二人称関係」で用いられる言葉は、極端に言えば、動物の鳴き声によるやり取りと本質的には変わらないものだと見ることができるでしょう。それは、「モノローグという鳴き声」になりさえすればよいのですから、一貫性も論理性も重みもない言葉で十分なのです。

このように、同じ見かけの言葉を用いてはいても、「二人称関係」の世界に棲んでいる人が用いるモノローグという「鳴き声としての言葉」と、「他者」とのコミュニケーションや共同思考を必要と考え「対話」する人の「ロゴスとしての言葉」とは、その重みも用途も異なっているまったくの別物なのです。

第29講　ハラスメントということ

ここ二〇年くらいの間で、徐々にハラスメント（harassment）という言葉が日本でも使われるようになってきました。もとは「しつこく相手を困らせる」という意味の言葉です。

セクシャルハラスメント、パワーハラスメント、アカデミックハラスメントなど、場面や状況に応じてさまざまな言い方がありますが、いずれも理不尽な権力行使を示した言葉として使われています。日本では、特に上下関係を背景にした不当な権力行使の割合が高いのではないかと思われます。

「タテ社会」とハラスメント

ハラスメントと言っても、日本での場合は、加害者側にハラスメントの自覚がないことが多いようです。

たとえば交通法規の場合ならば、信号無視をした人は通常それが違反行為であることを自覚しているものですが、このハラスメントの問題については、「昔は同じことをしても何も言われなかったのに、どうして問題にされるようになったのかわからない」という意識のズレが生じやすいのです。

「タテ社会」というものは、上下の権力関係で成り立っているわけですから、ハラスメントを生んだり許容してしまったりするような構造を、そもそも備えていると考えられます。そう考えますと、ハラスメントということが言われるようになってきたことは、「タテ社会」に対する下からの異議申し立てであり、上下の権力関係も徐々にほころび始めてきていることを表している現象だと言えるでしょう。

上の立場にいる人間に必要なこと

アメリカなどでは、「This is not personal.（これは、私的な意味ではないよ）といった前置きをして、上司が部下に仕事の方法などについての示唆《しさ》をすることがよくあるようです。これは、権力を持った上の立場の人間が、下の立場の人間にアドバイスをする場合においても、誤って個人的な人格否定に受け取られたりしないように、神経質に「あくまで仕事上の提案ですよ」と断っているのでしょう。

夏目漱石は、明治の終わりに行った講演「私の個人主義」の中で、こんなことを言っています。

近ごろ自我とか自覚とか唱えていくら自分の勝手な真似をしてもかまわないという符徴に使うようですが、その中にははなはだ怪しいのがたくさんあります。彼らは自分の自我をあくまで尊重するようなことをいいながら、他人の自我に至っては毫も認めていないのです。いやしくも公平の眼を具し正義の観念をもつ以上は、自分の幸福のために自分の個性を発展して行くと同時に、その自由を他にも与えなければすまんことだと私は信じて疑わないのです。われわれは他が自己の幸福のために、己の個性を勝手に発展するのを、相当の理由なくして妨害してはならないのであります。（中略）

これをほかの言葉で言い直すと、いやしくも倫理的に、ある程度の修養を積んだ人でなければ、個性を発展する価値もなし、権力を使う価値もなし、また金力を使う価値もないということになるのです。それをもう一遍いい換えると、この三者を自由に享《う》け楽しむためには、その三つのものの背後にあるべき人格の支配を受ける必要が起こってくるというのです。もし人格のないものがむやみに個性を発展しようとすると、他《ひと》を妨害する、権力を用いようとすると、濫用に流れる、金力を使おうとすれば、社会の腐敗をもたらす。ずいぶん危険な現象を呈するに至るのです。

（夏目漱石『私の個人主義 ほか』「私の個人主義」より）

この講演の前半で漱石は、真の自分自身を確立することの大切さを、「自己本位」というキーワードを使って述べ、そして後半部でこのように語ったのです。

つまり、個人主義というものは、まず自分というものをはっきりとさせることが第一段階で、そして次の段階においては、自分を尊重するのみならず、他人の自我をも尊重することが大切である。そして、ことに「個性」「権力」「金力」を行使する場合には、他人の自我を尊重できるような「人格」が不可欠なのだと、漱石は言っているのです。

「他者」に畏敬の念を持つことの大切さについては第5講で述べましたが、それを可能にするものを、漱石はここで「人格」と呼んでいるわけです。

相手が「他者」であることの怖さ

先ほど「This is not personal. という前置きがなされる話をしましたが、そのこと自体は少々行き過ぎのきらいもあるように思われます。しかし、それはそれとしても、彼らがそれほどまで相手を「他者」として畏れているということは、いかに「他者」がこちらの予想を超えた存在であるかという怖さを知っていることの表れなのでしょう。

私自身も、精神療法という対話を行ってきて、人は、こちらが思いもかけぬところにコンプレックスやこだわりを持っているものだということを、さんざん痛感してきました。あまり品の良い表現ではありませんが、どこに地雷が埋まっているかは、こちらの予想をはるかに超えているものなのです。

「タテ社会」の力関係の下では、立場の弱い側の人間が不当な圧力を加えられ、傷ついたり怒りを覚えたりしたとしても、それを表明できず呑み込まざるをえないことが多々あります。

しかし、幼かった子どもが成長したり、飲酒によって気が大きくなったり、精神的なバランスが乱れて理性のコントロールが利かなくなったりした場合などに、それまで呑み込んでいた怒りや嘆きが、火山のようにとめどなく噴火してくることがあります。そこで吐き出される内容は、過去に親、教師、上司など立場の強い人間から向けられた、無神経で理不尽な言動に対する恨みつらみです。

私たちは、まだまだハラスメントという警告がなければ「他者」の怖さが実感できないような、個人主義の初歩的段階にいるのだと考えられます。

好むと好まざるとにかかわらず、日本が世界に開かれてきている流れは止められないことでしょうし、異文化を背負ったさまざまな人々との交流はますます避け難いものになることでしょう。そうなると、「他者」はますます「未知なる存在」の度合いを増し、こちらの予想がまったく及ばないことも増えるでしょう。

そのような情勢の中で私たちは、個人主義の精神を身につけ、「他者」の他者性をよく理解し、「対話」の精神を身につけていかなければ、どうにもここから先に進んで行けないのではないかと思うのです。

第5章　対話するという生き方

第30講 「他者」と生きる

これまで「対話」について考えてきましたが、それはすなわち、「他者」といかに生きるかについて考えたことにほかなりません。

「世間」という「ムラ的共同体」の中で、お互いを「同じ」と捉える「二人称関係」の「仲良しごっこ」を演じることに疑問を感じ、その浅薄さにうんざりするところから「対話する生き方」は始まります。

そしてそれは、自分以外の人間を「他者」と見ることの始まりであり、「他者」と自分が決して一体化したり重なり合ったりできないことに気づき、それに深く絶望することでもあります。

ここで言う絶望とは、ぬるま湯的な「二人称関係」の甘い幻想から離脱することであると同時に、自分の個別性に目覚め、自分がほかの誰とも取り換えのきかない唯一の存在であると知ることでもあります。つまり、それは「主体としての目覚め」なのです。

そして次に、自分が「唯一の性質をもった主体」であるならば、ほかの人間もまた「唯一の性質をもった主体である」ということに気づきます。これが、「他者」の発見です。

誰かといっしょに同じものを見ても同じことをしても、それぞれが感じ思っていることは決して同じではないということ。同じ日本語で同じ言葉を発しても、そこに込められた意味やイメージが同じとはかぎらないということ。自分にはかけがえのない大切なものが、ほかの人には何の価値もなかったり、自分が気にも留めないようなものに対して、命がけで取り組んだりする人もあるかもしれないということ。

そんな、自分とはずいぶん違う世界を生きている「他者」たちに囲まれて、私たちは生きているのです。

さてそれでは、「他者」と生きるとは、どう生きることなのでしょうか?

「他者」を自分の一部として捉えない

自分以外の人間を「他者」と見ることは、同時に、この自分も別の人間からは「他者」として見られるということでもあります。第26講でも触れたように、これが、

「一人称—三人称関係」という「対話」の大前提です。

これは、別の言い方をすれば、「孤独」を認識するということでもあります。第26講で引用したコント＝スポンヴィル氏の言葉で、「だから孤独とは、他人を拒否することじゃなくて、他人を受け容れることであり、他人を他人として、（自分の一部分や道具や対象としてではなく）受け容れることなんだ。だからこそ、愛することは、ありのままの姿で見れば孤独なんだ」という部分がありましたが、さてこの「他人を他人として受け容れる」とは何を言おうとしているのでしょうか？

重要なのは、彼が括弧《かっこ》の中で言っている「自分の一部分や道具や対象としてではなく」というところです。

マルティン・ブーバーは、「他者」を自分の一部分と見なしてしまう態度を「翻《はん》転《てん》」と呼び、これについて次のように述べています。

> 私が翻転と名づけるのは、ひとりの人間がある他者の人格を、おのれの自我の圏内には決して編入し得ぬ固有な存在として受けとめることを止めて、この他者をただ自分自身の体験として、つまり自分のもののひとつ (eine Meinheit) としてしか

存在させないことである。翻転によって人は、「彼の魂に実体的にふれてそれを動かしはするが、決して彼の魂に内在しているのではない他者の人格の固有性」をこのように転化させてしまうのである。だがこのとき対話は見せかけに化し、二つの世界の交流としての、人間と人間とのあいだの秘密にみちた交流は、ただたわむれに演じられるに過ぎない。そして、向かいあう現実として生きている他者をこのようにして斥《しりぞ》けてしまえば、それとともにあらゆる現実の真髄が分解しはじめるのである。

（マルティン・ブーバー『我と汝・対話』「対話」より）

ブーバーは、「他者」を自分の世界の圏内にあるものと見なしてしまうと、「対話」という貴重な二つの異なる世界の間で行われる交流が、見せかけだけの偽物になってしまう、と言っているのです。

これまでも論じてきたように、「二人称関係」を生きていると、相手を自分と同じはずだという前提で見て、自分の一部であるかのように捉えるようになって、ついぞんざいな扱いをしてしまったりします。「メシ！　風呂！　寝る！」で済ませる古風な家長などは、家族のことを自分の手足であるかのように扱っているわけですが、それは一見、無骨《ぶこつ》で男らしく見えたとしても、その内実は、泣くことで母親をコントロールする乳児とさして変わるものではありません。

つまり「二人称関係」とは、他人が自分の思い通りになるものだという乳児的幻想の段階に留まっているような、未熟な人間観にもとづいた関係なのです。なぜなら、相手が「他者」であり、別の「孤独」を生きる別の主体だということが想像できていないのですから。

欲望から愛へ

「他者」を自分の一部分と見なさないということは、「他者」の独立性を奪わないこと、つまり「他者」を自分の欲望の対象にしないということです。

ここで欲望というのは、「相手がこちらの思い通りになることを強要する気持ち」のことですが、一方、「他者」の「孤独」と独立性を尊重する態度から生まれるのが、愛というものです。愛とは、「相手が相手らしく幸せになることを喜ぶ気持ち」と定義できます。

ですから、相手を「他者」として尊重するということは、相手に対して欲望ではなく愛を向けることだとも言えるでしょう。

「孤独」に足を置いた者の最低限の想像力によって、他者も自分と同じように「孤独」という状況を生きていることに気が付くこと。それが「愛」の出発点なのです。

しかし、ここで私たちは注意しなければなりません。この「愛」という言葉ほど、手垢にまみれ、誤って使われているものもないからです。「愛」という言葉は「孤独」という前提なしに用いられると、依存、支配、執着、性欲、虚栄心、強制、偽善などを偽装する偽りのレッテルと化します。常に「愛」を論じるときに起こる混乱は、「愛」の定義が曖昧であることから来ていると考えられます。

（泉谷閑示『「普通がいい」という病』より　講談社現代新書）

つまり、愛と欲望の大きな違いは、「他者」も自分と同じように「孤独」を生きていることに気がつけるか否か、というところにあります。

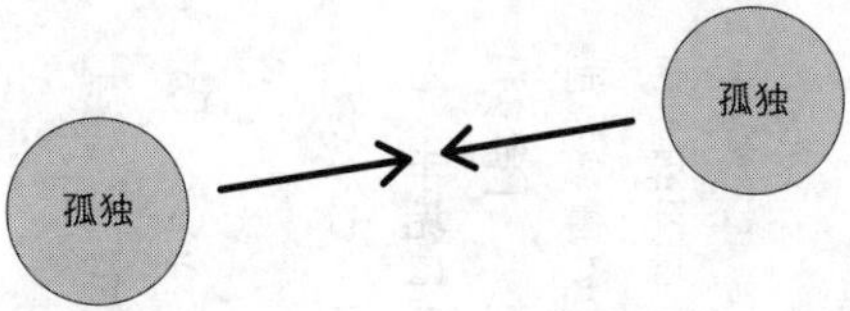

「孤独」と「孤独」が引き合う引力が愛である

愛は、「孤独」な者と「孤独」な者の間に発生する、万有引力《ばんゆういんりょく》のようなものだと考えられます。「孤独」がなければ愛もないという意味で、両者には切っても切れない密接な関係があるのです。

欲望は愛の代理満足である

愛が「孤独」を前提にしているのに対して、欲望は依存をベースにしているものだと言えます。

第18講でも触れましたが、依存とは「代理満足」「代償行為」が基本のからくりになっています。依存は、本来求めるものとは違う「質」のものによって「代償」しようとするため、どうしても「量」が徐々に増えていってしまう性質があります。

人が人に依存する場合も、どんどん相手への要求がエスカレートしていき、暴力的なまでに相手を占有しようとしたり、無茶な要求を突きつけるところまでいってしまったりすることもありま

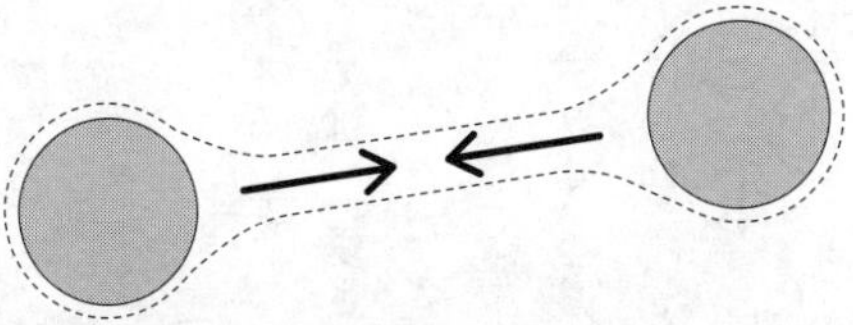

「孤独」を認めない依存の関係が欲望を生む

す。

　さて、欲望のベースにあるものが依存であるならば、それはいったい何の「代理満足」だったのでしょうか？

　心が寒い状態にあるとき、人はついつい来るあてのない愛を待ちあぐねて、「代理満足」として欲望に走ってしまいます。つまり、欲望とは愛の「代理満足」だったのです。

　愛は、人に求めることのできないものです。「愛されたい」という言葉をよく聞きますが、愛は望んで得られる性質のものではありません。相手にピストルを突きつけて「私を愛しなさい！」と脅《おど》してみたところで、それで愛が得られることはないでしょう。ちょうど「年長者を敬いなさい」と自分で言っているような年長者のことを、決して誰も自発的に敬う気持ちにはならないのと同じことです。

　人は「愛すること」しかできないのであって、相手から愛されるかどうかは、相手という独立した「他者」が自由に決めることであり、こちらの願望とは関係のない独立事象なのです。

ですから、愛を待っているような状態は、勝算のない賭《か》けに自分自身を投じてしまっているようなもので、延々と待ちぼうけを喰《く》らってしまうことにもなりかねないわけです。

愛すること

では、「愛されること」は望んでも得られないのだとしたら、人は愛のない心の寒さを、ただふるえて耐え忍ばなければならないのでしょうか？　それとも、「代理満足」として欲望に走るしかないのでしょうか？

ここで、忘れてはならない大切なことがあります。たとえ「愛されること」が望んで得られないとしても、人はすべて、生まれながらに「愛する」力を備えているということです。自分の心の寒さは、「自分が自分を愛する」ということによって解消されます。しかもそれは、誰からも愛されないから仕方なしに行うのではなく、これこそが真の解決方法でもあるのです。

人は皆、自分を愛する状態で生まれてきます。つまり、初めは問題なく自分を愛することができていたのです。しかしそれがその人の歴史の中で、なんらかの事情により歪《ゆが》みを被《こうむ》ってしまい、自分自身との愛に満ちた関係が損なわれてしまうことがあって、それが心の寒さを作り出してしまったのです。

第19講で「自分自身との対話」ということに触れました。そこで、自分の中に「他者」がいるということ、その「他者」とは「知られざる賢者」であり、「心」＝「身体」のことであると述べました。「自分を愛する」とは、その内なる「他者」を愛することにほかなりません。

そしてまた、「自分を愛する」ということは、自分に条件を課さないことでもあります。

自分の中の良い部分を歓迎することは誰にでもできますが、決して誉《ほ》められないような邪悪な側面をも含めて承認できるかどうかが、「自分を愛する」ことの鍵を握っているのです。「愛する」とは、欲望のように、対象に思い通りを強要しないものです。「自分を愛する」ときにも、思い通りを求めてはならないのは同じことです。

世俗の常識や道徳観念、世間的評価、誰かとの関係性などにおもねって、「頭」は勝手に自分に「あるべき姿」を求めてしまう傾向があります。そう考えてしまうことは避けられないにしても、その「あるべき姿」を内なる「他者」に強要してはならないのです。

「他者」は、独立しています。「他者」は、何かを強要されることを嫌います。「他者」は、ひたすらに耳を傾けてもらうこと、つまり「聴いてもらうこと」によって、自発的なものを表出してきます。そこで初めて、内なる「他者」との「対話」が始まり、自分自身の内部に愛が動きだすようになるのです。

「対話」は、愛の一つの形である

さて、そろそろ本書のテーマである「対話」に話を戻して、まとめにしたいと思います。

「対話」とは、「孤独」を生きる「他者」と「他者」との間で交わされるロゴスのやり取りであり、また貴重な「経験」の場です。そして「対話」をするという精神とは、「他者」の独立性を尊重しつつ「他者」に関心を向け、「他者」の語りを「聴き」、「他者」と遭遇する「経験」に身を開くような精神のことです。

対象に欲望を向けることとは対極にある「他者」との向き合い方によって、「対話」は行われます。つまり「対話」は、愛の一つの表現形なのです。「対話」する生き方とは、すなわち、「他者」との真の「経験」を求めて、愛に生きることを選ぶ生き方にほかならないのです。

おわりに

本書は、当初、カウンセラーに向けた入門書のようなものをという提案を編集者の方からいただいて始まった企画だったのですが、それがあとになって、一般の方向けに「対話」の技術を紹介するような内容に変わったという経緯があり、私は、さてどんなふうに書くべきかと、ずいぶん悩みながら書き始めたのでした。

しかし、書き進めていくうちに、私が言いたい内容は、対象がカウンセラーであろうが一般の方であろうが、区別なくどんな人にも大切なことではないだろうかと思うようになりました。

「対話」の技術についての本は、近年いろいろと出版されています。そのように類書がたくさんある状況の中で、いったい私になにが書けるのだろうかとも思いましたが、いざ「対話」の技術を説明しようとしてみると、まずは「対話」の前提条件をはっきりさせなければならないことに気がついたのです。

ところが、その前提条件を満たすためには、小手先の心構えを整える程度ではどうにもならないのではないか、かなり根本的な生き方の問題にも触れなければならないのではないか、そのような問題意識が私の中で次第に浮上し、さらにそれにとどまらず、個人と社会の在り方の問題や「対話」と思想の関係、「他者」と関わることの意味など、予測しなかった方向にも内容を拡げざるをえなくなったのです。

ソクラテス、ブーバー、レヴィナスなどの哲学者たちがかつて取り組んだあたりの地層のところに、どうも「対話」の問題の核心部があるらしい。そこに、自分も首を突っ込まざるをえないのだと、書き終わりに近づけば近づくほど、思い知らされました。正直なところ「対話」について考えるということが、これほどまでに底なしの領域に向かうものだとは、当初はまったく予想していないことでした。

しかし不思議なもので、考えの進む方向が自分で操縦不能になってからのほうが、未知なる領域を探検しているような楽しさも湧き上がってくるようになり、予測ができない大変さに苦しみつつも、これこそが、考えるという作業の醍醐《だいご》味なのだろうとも感じたのです。

「考えることは、書くことである」という実感がありますが、これを本書の内容に引きつけて言えば、「考えることは、自分の内なる『他者』との『対話』である」ということになるでしょうか。

本書では、拙著の『「普通がいい」という病』や『「私」を生きるための言葉』と内容が重なる部分もあります。それは、一つには私の思索の歩みが遅々としたものであるためであり、また、重要なキーワードを改めて説明しなければ、新しい読者に不親切になってしまうという配慮もあってのことです。この点を読者諸氏にご理解いただければ幸いです。

特に前著『「私」を生きるための言葉』との関係が深く、前著を理論編とすれば、本書はその実践のための手引書と言えるかもしれません。もちろん、新たに言葉にできた内容も少なからずありますので、既に二冊お読みいただいている方にとっても、新たな発見が随所《ずいしょ》にあるのではないかと思っています。

単なる「対話」の技術論を超えて、「生き方」につながっていく内容になっているところが本書の最大の特徴であろうと思います。幅広い層や年代の方にいろいろな形でお役立ていただければ、望外の喜びです。

本書はソフトバンク クリエイティブ（現SBクリエイティブ）のサイエンス・アイ編集部、中右文徳氏の熱心なお誘いがなければ誕生しませんでした。忙しさにかまけて遅々として進まぬ状態で、いろいろとご苦労をおかけしました。また、ソフトバンク クリエイティブのご協力で、AQUTNET リサーチにて AQUTNET 会員の皆さんに「コミュニケーションに関するアンケート」にお答えいただき、幅広い層の方たちからコミュニケーションについての熱心な回答を頂戴しました。本書では、それらの回答から、多くの方々が困ったり問題を感じたりしている内容を大いに参考にさせていただいて、なるべく実際の生活場面で役立つ内容になるように心がけました。ご回答くださった方たちに、深く感謝申し上げます。

最後に、これまでさまざまな場面で私と「対話」してくださった多くの方々から、たくさんのヒントをいただきました。ここに深く感謝いたします。

二〇一〇年一月二四日

泉谷閑示

参考文献

村上春樹　『ねじまき鳥クロニクル　第1部　泥棒かささぎ編』　新潮社
夏目漱石　『私の個人主義　ほか』　中公クラシックス
マルティン・ブーバー　『我と汝・対話』田口義弘訳　みすず書房
丸山眞男　『自己内対話』　みすず書房
丸山眞男　『丸山眞男集　第十一巻』　岩波書店
デヴィッド・ボーム　『ダイアローグ』　金井真弓訳　英治出版
谷川俊太郎　『世間知ラズ』　思潮社
ニーチェ　『ツァラトゥストラ』手塚富雄訳　中公文庫
パスカル　『パンセⅠ』前田陽一・由木康訳　中公クラシックス
プラトン　『ソクラテスの弁明　ほか』田中美知太郎・藤澤令夫訳　中公クラシックス
マルク・ソーテ　『ソクラテスのカフェ』堀内ゆかり訳　紀伊國屋書店
マルク・ソーテ　『ソクラテスのカフェⅡ』堀内ゆかり訳　紀伊國屋書店
ルソー　『エミール　上』今野一雄訳　岩波文庫
中原中也　『中原中也全詩歌集　上』吉田凞生編　講談社文芸文庫
秋月龍珉　『無門関を読む』　講談社学術文庫
森有正　『森有正全集　第12巻』　筑摩書房
森有正　『いかに生きるか』　講談社現代新書
アンドレ・コント＝スポンヴィル　『愛の哲学、孤独の哲学』
中村昇・小須田健・C．カンタン訳　紀伊國屋書店
レヴィナス　『全体性と無限（上）』熊野純彦訳　岩波文庫
泉谷閑示　『「私」を生きるための言葉　日本語と個人主義』　研究社
泉谷閑示　『「普通がいい」という病』　講談社現代新書

文庫版　あとがき

二〇一〇年にソフトバンク クリエイティブより発刊され、その後絶版となってしまっていた単行本『こころをひらく対話術』は、以前から多くの方々より再刊のご要望をいただいておりましたが、このたびタイトルも新たに講談社＋α文庫の一冊として刊行していただけることになりました。著者としても、安堵しているところです。

私にとって本書は、『「普通がいい」という病』『「私」を生きるための言葉』を経て、より実践的に「対話とは何か」「対話はいかにして可能なのか」という問題に取り組んだ著作だったわけですが、そこから七年を経た今日、「対話」の必要性はなお一層高まってきていることは間違いないと思います。

近年、ネットを中心に展開される世論が急速に力を持つようになり、国内はもとより、国際政治にまでも影響を及ぼすものになってきました。どんな人でも簡単に意見を発信できるようになった利便性は画期的なことなのですが、その一方、内容の信《しん》憑性《ぴょうせい》を検証することができないために、扇動的な言論や感情的な意見、ゴシップ記事、バッシングといったものほど人々の注目を集めやすいという困った特性も次第にあらわになってきました。そして、エキセントリックな言説が安易に拡散し、それがいつの間にか支配的な世論を生み出してしまうという風潮は、「独裁者なき言論統制」が行われているのではないかと言えるほど、不寛容な世の中を作り出してしまいました。

つまり、本書で論じたところの「対話」と呼べるようなコミュニケーションはすっかり隅に追いやられてしまい、「討論」「討議」「議論」に堕するにとどまらず、言葉による暴力や誹謗中傷、威嚇、攪乱、洗脳、扇動といったものが氾濫する事態になってきてしまっているのです。

「はじめに言葉あり」というのは、新約聖書のヨハネ福音書の冒頭にある有名な言葉ですが、これに続いて「言葉は神と共にあり、言葉は神なりき。この言葉ははじめに神と共にあり、よろずの物これによりて成り、成りたるものに一つとしてこれによらで成りたるはなし。これに命あり、この命は人の光なりき」ということが記されています。

ここで「言葉」となっているものの原語は、ロゴスです。本書で触れたようにダイアローグ（対話）とは、ロゴスを交わすという原義でした。古代ギリシャにおいてダイアローグの重要性が思想として結実したわけですが、このヨハネ福音書は当時、ギリシャ人たちに向けて書かれたものであったという背景もあって、ユダヤの系譜を書き連ねた他の福音書とは決定的に異なった導入部となっていたのです。

ところで、ここに述べられている「よろずの物これによりて成り」という言葉は、宗教的文脈を除いても、今日の私たちが改めて考えてみなければならない重みのある言葉ではないかと思います。

つまり、言葉が「他者」を理解し「他者」との良き相互作用を目的とする「対話」に用いられなくなってしまうのだとしたら、言葉は偏狭なエゴの道具に成り下がり、それによって「成る」私たちの世界は、ルサンチマン（妬み嫉み）と「欲望」の支配する陰惨なものになってしまうであろうということが予言されている、と受け取ることもできるのではないかと思うのです。

世界のあちこちで、ポピュリズムやナショナリズムが台頭し、ヒステリックな排外主義が臆面もなく主張されるようになってきているわけですが、この不穏で不気味な流れに対して異を唱えることができるのは、「対話」の精神にほかならないでしょう。「他者」を排除すべき異物と捉え、「欲望」の鍔迫《つばぜ》り合いに終始するのでなく、創造的な「愛」の関係を結ぼうとする思想、それが「対話」の思想です。

国際政治のような大きな問題ですら、その発想の根本は一個人としての思想、個々の人間の内面の在りようによって方向付けられるものだと言えるでしょう。本書で触れた「自己内対話」や身近な人との「対話」ができないのであれば、異民族、異国人、異教徒、異文化、異世代、異性との「対話」などについても、当然のことながら困難なものになってしまうでしょう。

「他者」を認めず、狭き「欲望」に翻弄されることが、いかに人類に不幸をもたらすものであったかについて、万人が等しく歴史から学んできていることは間違いのないところだと思います。しかし、その悪癖からいかに脱するかについては、法制度を整備したり、いかに「道徳」を説いたにしても、それだけではどうしても一定の限界を超えることができません。それはつまり、本書で言うところの「頭」に働きかけることだけでは、「心」には届かないという限界があるからなのです。

「愛」の場所である「心」が各人の中心的なものになること。これこそが、人間や人類にまつわる諸問題の根本的解決のために欠かせない基本思想です。そしてそれは、本来「愛」の道具である「言葉」を、各人がそのようにわきまえて用いることによってしか達成されません。

しかし、「対話」というものは、技法論によってどうにかなる話ではありません。本書の書名は便宜上「対話術」という表現になっていますが、お読みいただいた方はすでにおわかりのことと思いますが、決して技法に主眼のあるものではなく、「対話」を成立させる基本精神の在りようについて論じた内容になっています。その基本精神とは、「対話の前提」として挙げた四項目に集約されているように、「他者」をどう捉え、「他者」にどのような向き合い方をして、相手にとって「他者」である自分をどのように相対化し、いかにして共創的な関係を結ぶかということについてのものです。そして、今回の新たな書名にもあるように、それは避けがたく自身の「生き方」の問い直しが含まれてくるものなのです。

モノローグのぶつけ合いをしている限りでは決して見えてこない、各々の「言葉」の質的な差異。その背後にある、各々の内的世界の独自性。そして各々の抱える「孤独」。いかなる思想信条を持つ者であっても、その裡《うち》に秘めている根源的な希求は、「愛」によって他者と響き合いたいというものであるはずです。しかしこの「愛」を

「欲望」と取り違えてしまった時に、「言葉」は剣や爆弾のような武器と化し、排他的・排外的な閉じたものになって、共鳴など起こりえない硬直化した冷たい物体となってしまいます。

人間の人間たる所以《ゆえん》がこの「言葉」というものにある以上、「言葉」には人間の美点も業《ごう》もストレートに顕《あらわ》れてきます。ヨハネ福音書の「これに命あり、この命は人の光なりき」をあらためて「言葉に命あり、言葉は人の光なりき」として読んでみると、私たち個々の人生や人類全体の在り方に光明をもたらす鍵を握っているのが、最も身近な「言葉」というところにあることがわかってきます。

この「光」とは、「愛」の光明のことです。「愛」という言葉が陳腐化してしまいかねない今日の風潮を少しでも食い止めるためには、私たち一人一人が「言葉」を「愛」の発現として用い、自分自身との「内的対話」を行い、身近な「他者」と「対話」を行って自身の限りある世界を拡大深化させ、深い人間理解を得ようとすることが大切だと思うのです。

ささやかながら本書が、「欲望」の荒野に「愛」の種を蒔く一助となることを心から願っております。

今回の復刊に際して、見出し等については若干の変更を加えましたが、本文についてほとんど変更はありません。また、本書の復刊にご尽力いただきました講談社の田中浩史氏には、『「普通がいい」という病』『反教育論』に引き続き大変お世話になりました。ここに深く感謝申し上げます。

二〇一七年一月

泉谷閑示

本書は『こころをひらく対話術　精神療法のプロが明かした気持ちを通わせる30の秘訣』
（ソフトバンク　クリエイティブ、二〇一〇年）を改題、修正を加えたものです。

泉谷閑示－精神科医。東北大学医学部卒。東京医科歯科大学医学部附属病院、（財）神経研究所附属晴和病院、新宿サザンスクエアクリニック院長等を経て、1999年に渡仏し、パリ・エコールノルマル音楽院に留学。パリ日本人学校教育相談員もつとめた。現在、精神療法を専門とする泉谷クリニック（東京・広尾）院長。大学や短大、専門学校等での講義も行ってきたほか、現在は一般向けの啓蒙活動として、さまざまなセミナーや講座を開催している。また、作曲家や演出家としての活動も行っている。著書に『「普通がいい」という病』『反教育論』（ともに講談社現代新書）、『「私」を生きるための言葉』（研究社）など。最新刊に『仕事なんか生きがいにするな』（幻冬舎新書）。

講談社＋α文庫 あなたの人生《じんせい》が変《か》わる対話術《たいわじゅつ》

泉谷閑示《いずみやかんじ》

2017年 2 月20日第 1 刷発行
2023年 2 月27日第 3 刷発行

発行者――――鈴木章一
発行所――――株式会社 講談社
東京都文京区音羽2-12-21 〒112-8001
電話 編集(03)5395-3522
販売(03)5395-4415
業務(03)5395-3615

デザイン――――鈴木成一デザイン室
カバー印刷――――凸版印刷株式会社
印刷――――株式会社新藤慶昌堂
製本――――株式会社国宝社

KODANSHA

落丁本·乱丁本は購入書店名を明記のうえ、小社業務あてにお送りください。
送料は小社負担にてお取り替えします。
なお、この本の内容についてのお問い合わせは
第一事業局企画部「＋α文庫」あてにお願いいたします。
Printed in Japan ISBN978-4-06-281713-4
定価はカバーに表示してあります。

講談社＋α文庫 Ⓐ生き方

100歳の幸福論。 ひとりで楽しく暮らす、5つの秘訣　笹本恒子
100歳の現役写真家・笹本恒子が明かす、ひとりでも楽しい〝バラ色の人生〟のつくり方！　830円 A 151-1

＊空海ベスト名文 「ありのまま」に生きる　川辺秀美
名文を味わいながら、実生活で役立つ空海の教えに触れる。人生を変える、心の整え方　720円 A 152-1

出口汪の「日本の名作」が面白いほどわかる　出口　汪
カリスマ現代文講師が、講義形式で日本近代文学の名作に隠された秘密を解き明かす！　680円 A 153-1

モテる男の即効フレーズ 女性心理学者が教える　塚越友子
女性と話すのが苦手な男性も、もっとモテたい男性も必読！　女心をつかむ鉄板フレーズ集　700円 A 154-1

大人のADHD 片づけられない！　間に合わない！　をなくす本　司馬理英子
「片づけられない」「間に合わない」……大人のADHDを専門医がわかりやすく解説　580円 A 155-1

裸でも生きる 25歳女性起業家の号泣戦記　山口絵理子
途上国発ブランド「マザーハウス」を0から立ち上げた軌跡を綴ったノンフィクション　660円 A 156-1

裸でも生きる2 Keep Walking 私は歩き続ける　山口絵理子
ベストセラー続編登場！　0から1を生み出し歩み続ける力とは？　心を揺さぶる感動実話　660円 A 156-2

自分思考　山口絵理子
若者たちのバイブル『裸でも生きる』の著者が語る、やりたいことを見つける思考術！　660円 A 156-3

ゆたかな人生が始まる シンプルリスト　ドミニック・ローホー　笹根由恵＝訳
欧州各国、日本でも「シンプルな生き方」を提案し支持されるフランス人著者の実践法　630円 A 157-1

シンプルに生きる 人生のほんものの安らぎを味わう　ドミニック・ローホー　原　秋子＝訳
日本に影響を受けたフランス人著者のシンプル哲学が、欧米・アジアを席巻。その完全版　680円 A 157-2

＊印は書き下ろし・オリジナル作品

表示価格はすべて本体価格（税別）です。本体価格は変更することがあります